LE CUISINIER MODERNE,

Qui aprend à donner toutes sortes

DE REPAS,

En Gras & en Maigre, d'une maniére plus délicate que ce qui en a été écrit jusqu'à present;

DIVISE' EN QUATRE VOLUMES,

Orné de Figures en Tailles-douces,

DEDIE'

A Son Altesse Serenissime,

MONSEIGNEUR LE PRINCE D'ORANGE ET DE NASSAU, &c.

PAR LE SIEUR

VINCENT LA CHAPELLE,

Son Chef de Cuisine, & ci-devant de *MYLORD CHESTERFIELT.*

TOME PREMIER.

A LA HAYE,

Imprimé chez ANTOINE DE GROOT,

Aux dépens de L'AUTEUR, *& ce vend,*

Chez ANTOINE VAN DOLE, Libraire.

M. DCC. XXXV.

A SON
ALTESSE SERENISSIME,
GUILLAUME-CHARLES-HENRI FRISO,
PRINCE D'ORANGE, ET DE NASSAU;

COMTE DE CATZENELLENBOGEN, VIANDEN, DIETZ, SPIEGELBERG, BUREN, LEERDAM; MARQUIS DE TER-VEER, ET VLISSINGUE; BARON DE BREDA, DE BEYLSTEIN, DE LA VILLE DE GRA-

*

GRAVE ET DU PAÏS DE CUYK; D'YSSELSTEIN, DE CRANENDONK, D'EINDHOVEN, ET DE LIESVELD; SEIGNEUR DE BREDENVOORT, DE TURNHOUT, DE GEERTRUYDENBERG, DE WILLEMSTAD, DE KLUNDERD, DE ST. MAARTENSDYK, DE SEEVENBERGEN, DE STEENBERGEN, DE LA HAUTE ET BASSE SWALUWE, DE NAALTWYK, DE GRIMBERGEN, DE HERSTAL, D'ARLAY, NOSEROY, ST. VITH, BUTGENBAG, DAASBURG, ET WARNETON, ET SEIGNEUR INDEPENDANT DE L'ISLE D'AMELANDE; BOURG-GRAVE, HEREDITAIRE D'ANVERS, ET DE BESANÇON; MARECHAL HEREDITAIRE DE HOLLANDE; GOUVERNEUR, CAPITAINE, ET ADMIRAL GENERAL DE GUELDRE, ET DE LA COMTE'E DE ZUTPHENNE GOUVER-

VERNEUR HEREDITAIRE, ET CAPITAINE GENERAL DE LA FRISE; GOUVERNEUR, ET CAPITAINE GENERAL DE GROENINGUEN, ET DES OMMELANDES, ET DU PAÏS DE DRENTHE; CHEVALIER DE L'ORDRE DE LA JARTIERRE.

ONSEIGNEUR,

Le bonheur que j'ai d'apartenir à VOTRE ALTESSE SERENISSIME, m'a paru un titre ſufiſant pour lui conſacrer tous mes travaux ſans exception. Son Goût exquis eſt ſi generalement connu & aplaudi, que je croirais avoir ateint le ſublime de ma profeſſion, ſi je pouvois me flater de l'avoir toûjours ſatisfait. Quel préjugé ne ſeroit-ce pas en faveur du *Livre* que je publie ſous les auſpices de VOTRE

ALTESSE SERENISSIME! je laiſſe à des plumes plus éloquentes que la mienne, le ſoin de loüer en Elle le goût qu'Elle a pour la Gloire, pour les Sciences, & pour les beaux Arts. Je me borne dans ma ſphére. Heureux, ſi par une ingenieuſe pratique des connoiſſances que j'ai pû acquérir dans mon Emploi, je pouvois contribuer à l'affermiſſement d'une ſanté auſſi précieuſe que la vôtre.

Recevez, MONSEIGNEUR, avec cette bonté qui eſt ſi naturelle à VOTRE ALTESSE SERENISSIME, l'humble hommage que je lui rends. Puiſſe ce fruit de mon Experience, & de mes Travaux, éterniſer, s'il eſt poſſible, le ſouvenir du très-profond reſpect, avec lequel je ſuis,

MONSEIGNEUR,

De V. A. S.

Le très-humble, très-obéiſſant, & très-ſoûmis Serviteur,

VINCENT LA CHAPELLE.

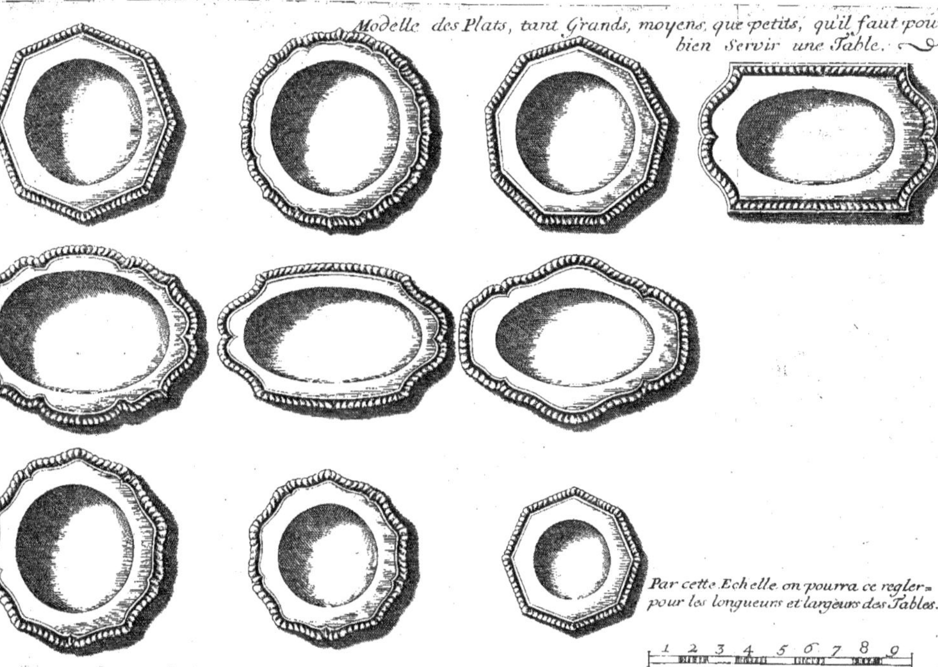
Modelle des Plats, tant Grands, moyens, que petits, qu'il faut pour bien Servir une Table.
Par cette Echelle on pourra ce regler pour les longueurs et largeurs des Tables.
1 2 3 4 5 6 7 8 9

Terrine *or* Olio.

A. Motte fc.

urtout. to be left upon the Table till the Dessert is serv'd.

A. Motte sc.

LE CUISINIER MODERNE,

Qui aprend à donner toutes ſortes de Repas en gras & en maigre, d'une maniere plus delicate que ce qui en a été écrit juſqu'à preſent.

DANS le Siecle où nous vivons, comme dans l'antiquité la plus reculée, les plaiſirs de la table ſont du goût de tout le monde; on y cherche tous les jours une nouvelle delicateſſe, par un rafinement continuel d'aprêter & de ſervir les mets. On veut preſentement qu'une table ſoit ſervie dans le goût le plus exquis, & que l'arrangement offre un beau coup d'œil. Les arts ont des regles generales, ceux qui veulent les exercer doivent s'y conformer. Ces regles ne ſuffiſent pourtant pas, & la perfection exige que l'on travaille ſans ceſſe à rencherir ſur une pratique conſtante, & cependant ſujette, comme toute autre choſe, à la viciſſitude des tems; & pour celà, il eſt abſolument neceſſaire de ſuivre les regles d'aujourd'hui. La table d'un grand Seigneur, ſervie à preſent de la même maniere qu'il y a vingt ans, ne ſatisferoit point les Conviés. Cette maniere avoit pourtant ses regles; regles, que l'on suivoit scrupuleusement, & dont la pratique avoit un merveilleux succès. Il faut donc maintenant que tout a changé de nouvelles regles, qu'on puisse suivre seurement, & contenter par-là les differens goûts de ceux qu'on est obligé de servir. C'est ce qui m'a fait prendre le parti de mettre ce Livre au jour. Quoique le Cuisinier François, dit Royal & Bourgeois, est trop ancien, & d'une nature à ne pouvoir plus être suivi, n'ayant point été augmenté ni diminué depuis plus de trente années, cela n'a pas empêché, celui qui en a le Privilege, de mettre à la tête de son Livre, qu'il est Nouveau: ceux qui seront curieux, & qui voudrons prendre la peine de l'examiner, verrons bien le contraire; quoiqu'il en soit, une compagnie de Libraires étrangers, ont eu la temerité de réimprimer cet Ouvrage, par le peu de connoissance qu'ils y ont; mais on peut dire que leur travail est fort inutile. Pour ce qui est de moi je n'emprunte rien des Livres imprimés, & je ne donne que mon sçavoir; ainsi, je ne compte pas offenser personne, au contraire, j'espere de faire plaisir au Public.

Devoir du Maître d'Hôtel.

Les fonctions de Maître d'Hôtel demandent des attentions très-serieuses pour bien s'en aquitter. Elles regardent d'abord la dépense generale qui se fait journellement dans une Maison, selon l'ordre qu'il reçoit du Seigneur à qui il apartient.

Pour être bon Maître d'Hôtel, il faut avoir été bon Officier de cuisine, ou d'office, cet article lui

lui donne bien de lumiéres pour le rendre parfait dans sa charge. Il doit être entendu, & capable d'établir, ou maintenir le bon ordre dans la Maison.

Lorsqu'il prend possession de sa charge, il doit dresser un état general de ce dont il est chargé par son Seigneur, & il doit suivre ses ordres : Il doit s'entendre avec son Chef de cuisine, & lui donner toutes les choses necessaires, de même avec les Officiers d'office pareillement ; & enfin de rendre compte de tout au Seigneur, afin qu'il le signe, & il le gardera soigneusement, pour le représenter au besoin.

C'est au Maître d'Hôtel à choisir de bons Officiers, tant d'office que de cuisine, & de bons Marchands, permis à lui de les changers quand ils ne fournissent pas bien ; quand les uns & les autres ne se trouvent pas suffisament capables, où ne font pas leur devoir, faute de quoi, il ne peut pas servir son Maître comme il faut.

Il doit avoir soin de se fournir de tout ce qui est necessaire dans la Maison, & de livrer ce qu'il faut aux domestiques, sans les changriner ; en prenant sur tout garde de ne rien donner de trop à personne, pour que le bien du Maître ne se dissipe point.

C'est à lui à faire le marché avec tous les Marchands, de quelque nature que ce puisse être, de ce qui regarde la dépense de bouche.

Il est necessaire qu'un Maître d'Hôtel se connoisse en vin pour la table du Seigneur, en toutes sortes de liqueurs, & en vin commun, qu'il achetera en piéce, & remettra entre les mains du boutelier pour en faire la distribution, & lui en rendre compte.

Il doit aussi se connoître en viande, & faire

marché, par écrit, avec le boucher, à tant par livre pour toute l'année, tant bœuf, veau, que mouton; avoir soin de faire peser la viande devant lui, & en tenir de petits livres de compte de chaques Marchands. Il doit pareillement faire marché avec un rotisseur pour toute l'année, ou par quartier seulement, pour être bien servi, à tant par piéce, tant pour la volaille que pour le gibier : Il doit observer le cours du grand marché pour savoir le prix de toutes choses, suivant les saisons, & prendre là-dessus de justes mesures pour le profit du Seigneur.

Il en sera de même avec le charcutier & épicier, pour qu'il le fournisse de tout ce qu'il aura besoin.

Il doit aussi se connoître en toutes sortes de poissons, tant de mer que d'eau douce, comme aussi en toutes sortes de légumes & fruits: étant bon Officier de cuisine, ou d'office, il sera capable de s'aquiter des choses requises ci-dessus mentionnées.

Il doit de même faire marché avec l'épicier pour le sucre, les épiceries, bougies, flambeaux, huiles, & autre marchandises necessaires à la maison; aussi avec le chandelier, pour la fourniture de la chandelle.

Il est aussi de son devoir d'avoir soin du sel, du poivre, du clou de gyrofle, de la muscade, du massi, de la canelle, poivre long, gomme adragante, écorces de citrons verts & confits, sucre, mousserons, truffes, anchois, olives, vinaigre, de toutes sortes de fleurs, toutes sortes de fromages; & en general de toutes autres choses, dont il faut qu'il fournisse chaque jour la cuisine & l'office.

Il

Il aura ſoin des batteries de cuiſines, & fera raccommoder & remplacer tout ce qui eſt neceſſaire à la cuiſine & à l'office.

De plus, il faut qu'un Maître d'Hôtel ſache bien dreſſer un menu, & regler les ſervices de toutes les differentes tables, qu'il plaira au Seigneur d'avoir; auſſi, doit-il connoître la delicateſſe de toutes ſortes d'entrées, de potages, rots, & entremêts, ſans cela il lui eſt impoſſible de dreſſer un menu dans ſa perfection requiſe; & pour cet effet, il faut avoir été bon Officier de cuiſine ou d'office; ſans quoi il ne pourra jamais dreſſer un menu, à moins d'avoir recours à ces mêmes Officiers de cuiſine ou d'office.

Quand le Seigneur voudra donner un repas extraordinaire, c'eſt au Maître d'Hôtel à prendre ſes précautions, en s'informant chez les marchands, ſçavoir ce qu'il y aura de meilleur, comme chez le boucher, chez le rotiſſeur & ailleurs, afin d'avoir ce qu'il y aura de plus nouveau & de meilleur; pour cet effet, il ordonnera aux Officiers de cuiſine de viſiter les batteries, & conſultera avec eux ſur ce qui ſera neceſſaire pour le repas. Il en fera de même avec les Officiers d'office; à l'egard du fruit, la quantité de plats de fruits, & compôtes qu'il faudra ſervir. Il prendra un beau plan pour la table, en y arrangeant touts les ſervices, & remarquant bien les differentes grandeurs de ſes plats, & ce qu'il mettra dedans. Il ſe munira le plus qu'il pourra de vaiſſelle & de batteries, & en jettant un beau plan de table, il fera ſes menus le mieux, & le plus delicatement qu'il pourra; & s'il faut, pour ſervir, plus d'Officiers qu'il n'y en a au ſervice du maître, il eſt de ſa prudence de consulter avec les Chefs de la maison, qui on prendra, afin que tout soit bien ordonné, & que rien ne s'égare à la cuisine ou à l'office.

Il fera toujours mettre le couvert de bonne heure, ayant soin que le tout soit bien arrangé, le buffet bien garni, & que les domestiques soient prêts à servir, & n'interrompent pas les Personnes qui sont à table.

Après qu'il aura servi un service, il se tiendra un moment auprès de la table, pour voir si personne n'a rien à lui dire sur le service; & si l'on se plaint d'un plat, il doit le dire honnêtement à l'Officier de la cuisine, qui l'aura fait, afin qu'une autrefois il y prenne garde; & si on se loue de quelque plat, il doit de même en avertir lesdits Officiers, afin qu'ils continuent dans le même goût.

Après quoi, il retournera à la cuisine, fera dresser son autre service; ensuite, le Maître d'Hôtel appellera tout son monde pour enlever les plats, après avoir donné un coup d'œil sur tout le service, afin de bien remarquer la grandeur de ses plats, grands, moyens ou petits, & comment ils doivent être placés sur la table; car rien n'est plus désagréable que de voir un service embrouillé, confus, ou mal rangé, ce qui gâte tout le service, & ne fait honneur ni au Maître ni aux Officiers.

Après le dernier service de Cuisine, le Maître d'Hôtel ira voir son Fruit à l'office, & le fera arranger sur une table, de la même maniére qu'il doit être servi sur celle du Seigneur, ou approchant, afin qu'il remarque, où il placera ses plats de fruit, compotes & autres. Et pour servir le fruit, il ôtera generalement tout ce qui est

est sur la table, & la premiére nappe, aussi bien que le cuir de roussi, qui doit être entre celle qui vient d'être ôtée, & celle qui doit se trouver sous ce cuir pour servir le dessert dessus. Avant que de poser le premier plat de fruit, & aprés qu'il aura servi tout, il restera un moment, pour savoir, si on n'a rien à lui dire sur le Fruit; & ensuite, il irra à la Cuisine remarquer ce qu'on a deservi, & s'il n'y a rien qui puisse servir une seconde fois; & ordonnera au Chef de cuisine de le faire distribuer aux Tables qui doivent être servies après celle du Maitre.

Quand on voudra donner un repas reglé, il faut avoir égard au nombre de Personnes pour placer vos couverts, & à la qualité des viandes pour les bien ordonner, afin d'éviter le voisinage de deux plats d'une même façon, sans en intermedier un d'une autre sorte; car, autrement la chose seroit de mauvaise grace, & pourroit contraindre le goût de quelques Personnes de la Table, chacun n'aimant pas la même chose. C'est chose qui arrive souvent dans les grands Repas.

Aussi, faut-il observer la forme de la Table pour la disposition de vos plats & de vos couverts, afin qu'il y ait un tel ordre, que chacun puisse prendre ce qui conviendra à son appetit, & que ceux, qui serviront, ne soient point contraints en rien, & n'incommodent personne en servant ou deservant; ce qui est une chose fort désagréable, & qui néanmoints n'arrive que trop souvent, lorsqu'on ne prend point ses precautions; & par ainsi, l'on ne sçauroit trop prendre de mesures pour ces sortes d'arrengements, & souvent les plus habilles manquent faute d'attention, où de vouloir prendre des

 aydes.

aydes. Souvent un Maître d'Hôtel, dedans une Maison, qui sert une table de dix à douze Couverts, se croit fort habille homme. Pour avoir cette qualité requise, il faut sçavoir la travailler, l'ordonner, & l'executer; alors, on pourra dire que c'est un commencement, & qu'il parviendra au rang des grands Maîtres. Si les Seigneurs qui tiennent des Tables, ou qui veulent avoir des Maisons réglées, faisoient choix d'un Homme, dont la capacité, la douceur, la prudence, la probité, & la fidélité lui soient connuës; d'un Homme, sur-tout, qui ait passé, pour ainsi dire, dans tous les emplois ausquels celui qu'on va lui faire occuper, doit l'attacher, & dont il ne sauroit dignement s'acquiter, sans une extrême, & parfaite connoissance des premiers. Dans ce cas, on évitera mille inconvénients, qui arrivent journellement dans les Maisons, où l'on confie le plus souvent un emploi de cette importance, & de cette conséquence, à des personnes qui ont très-peu d'expérience; inconveniens, en effet, qui ne sont que trop frequens, & ausquels on ne sauroit remedier que par le bon choix.

CHAPITRE PREMIER.

Des Potages & Boüillons.

Boüillon, que l'on apelle Mitonnage.

ON se sert de ce Boüillon pour toutes sortes de Potages; prenez un morceau de tranche de bœuf, où d'autres parties, n'importe, vous ne laisserez pas de vous en servir, mais la tranche est toujours la meilleure, & le trumeau de bœuf; toutes ces sortes de viandes sont bonne pour vo-tre Mitonnage. Vous en metterez la quantité que vous jugerez à propos, c'est selon la grandeur de vôtre marmite, & selon la quantité de Potage que vous avez à faire: suposez que vous n'en ayez que deux Potages qui se tirent d'un Mitonnage, prennez un morceau de tranche de huit à dix livres, un morceau de trumeau de bœuf de sept ou huit livres; vous empoterez cette viande dans vôtre marmite, & y mettrez du Boüillon à moitié la marmite, si vous en avez, achevez de la remplir d'eau, & la faite écumer; étant écumées, assaisonnez-là de sel, une douzaine de racines, avec des ognons, des cloux de girofles, un bon paquet de celleri, une poulle, & un jaret de veau, quelque tems après; ils vous peut servir pour mettre sur vos Pottages, en les ficellants; mais ne les laissez pas trop cuire; vous y pouvez mettre cuire toutes les garnitures de vos otages, qui consistent en celleri, chicorées, poreaux, laituës, & volailles; ce Boüillon est bon pour mitonner toutes sortes de Potages, hors les Potages aux choux, & aux navets, dont les garnitures les distinguent.

Oille à la Françoise.

Employez de la viande selon la quantité des Oilles, que vous avez à faire, pour deux Oilles, prenez huit livres de tranche de bœuf, autant de veau, & un gigot de mouton bien degraissé, mettez-le tout dans une casserolle ronde, mettez-le suer, & le laissez attacher legérement, & le moüillez de Boüillon; observez que la coulleur ne soit pas trop foncées, enpottés vôtre viande dans une marmite; degraissez vôtre Boüillon, & le mettez avec vôtre viande, & achevez de remplir vôtre marmite de bon bouillon, & la mettez au feu, prenez des carotes & panais, faites en blanchir trois à quatre douzaines, & les mettez dans votre marmite avec deux douzainnes d'ogons, quelque navets, un paquet de celeri, un paquet de poreaux, une mignonnette; mettez y de vielles perdrix, une vieille poulle, un vieux dindon, un morceau de jambon, un cervellat, faites boüillir vôtre marmite tout doucement; observez que vôtre boüillon soit toujours bien clair, & de bon goût, prenez du pain à potage qui soit chapellé, & levez les croûtes, & les mettez dans une casserole; passez de vôtre boüillon d'Oille, & faites mitonner vos croûtes; étant mitonnées, mettez les dans un pot à Oille, & achevez de le remplir de vôtre boüillon, & quelques racines dessus, & du celeri,

leri, si vous le jugez à propos. Si vous le servez dans un plat, il faut garni le bord de vôtre plat, de toutes sortes de racines, & mettre sur vôtre potage deux perdrix, & vous en servez pour toutes sortes d'Oilles au ris; vôtre ris étant épluché & lavé, mettez-le dans une marmite, & le moüillez du boüillon d'Oille; & vôtre ris étant cuit, dressez-le dans un pot à Oille; le vermicelle se fait de même; voici la façon de faire la mignonnette, prennez un morceau d'étamine, & y mettez une petite poignée de coriande, du poivre, une douzaine de cloux de girofle, une muscade, liez vôtre mignonnette, & la mettez dans votre Oille, & servez le tout chaudement.

Oille à l'Espagnol.

Prennez des tendrons de bœuf, de la poitrine du côté du bas bout, & le coupé par morceaux grand comme deux doits, & les mettez dans l'eau, prenez aussi des tendrons de poitrine de mouton, & tendrons de poitrine de veau, & des queües de mouton, le tout coupez par morceaux bien proprement; prenez une marmite, & la garnissez de bonne tranche de bœuf de l'épaisseur d'un pouce, & y mettez vos tendrons de bœuf, une grande quantité de racines, avec un paquet de celeri bien propre, parce qu'il faut qu'il serve, un paquet de porreaux, moüillez-le de bouillon; vôtre bœuf étant un peu avancé de cuire, vous y mettrez vos tendrons de mouton, & de veau, deux pieds & deux d'oreilles de cochon, deux perdrix, deux pigeons, une noix de jambon, un bon cervelat, la moitié d'un choux blanchi & bien pressé, & ficellé, mettez-le dans votre Oille assai-

aſſaiſonnées d'ognons, & y mettez une mignonnette, achevez de la couvrir de tranches de bœuf, prennez un couple de livres de veau, & les coupés en tranches, mettez les dans une casſerole ſuer doucement ſur un fourneau; étant attachez comme une glaſſe de veau, moüillez les de boüillon, & les mettez dans vôtre Oille; il faut avoir dès le ſoir des gravances, à tremper dans de l'eau tiéde, & le matin, les éplucher les unes après les autres; & enſuite les laver dans de l'eau chaude, & les mettre cuire dans une petite marmite avec de bon boüillon; vôtre Oille étant cuitte, goutez-le, & lui donné le meilleur goût qu'il vous ſera poſſible; enſuite, tirez toutes vos viandes & racines dans un grand plat, prenez le plat où vous voullez ſervir, ou pot à Oille, & y rangez vos tendons de bœuf, de mouton, de veau, & de racines, épluchez bien proprement le tout; étant arangé dans le plat, nommé ci-desſus, vous arangerez les pieds & oreilles de cochon, choux, celeri & poreaux, le tout étant arangé bien proprement, mettez vos égravances pardeſſus avec un peu de boüillon d'Oille, & ſervez chaudement; il faut avoir des taſſes de porcellaine couvertes, & du pain coupé en tranche, grand comme deux doigts, & le faire griler, rempliſſez chaques taſſes de boüillon, & y mettez à côté, un morceau de pain grillé, obſervez que le boüillon ſoit de bon goût, & ſervez le plus chaudement qu'il vous ſera poſſible.

Autre Oille à l'Eſpagnol.

Vôtre viande étant coupez, comme celle ci-devant, vous l'émpottez & aſſaiſonnez de même; toute la difference qu'il y a, c'eſt qu'il n'eſt pas

pas neceſſaire d'avoir beaucoup de boüillon; le tout étant cuit, il faut avoir une pincée de ſaffran en poudre, & le délaïer avec un peu de boüillon, & le mêler dans vôtre Oïlle; obſervez que le goût ſoit bon, tirez tout vôtre Oille dans un grand plat, dreſſez-le de même que l'autre ci-devant, & y mettez du boüillon autant qu'il en pourra tenir, & vos égravances par-deſſus, & des morceaux de pain grillé au tour, & ſervez chaudement.

Autre Oille à l'Eſpagnol.

Ayez un bas bout de poitrine de bœuf, environ de ſept ou huit livres, & la coupez par morceaux, grande comme trois doigts: Enſuite mettez dans une marmite quelques morceaux de tranches de bœuf, après quoi vous y mettrez vos morceaux de poitrine, des carotes, des ognons, des choux blancs par gros quartiers, ficelés & blanchis, vous les moüillerez d'eau ou de boüillon, ſi vous en avez, & les ferez cuire. Le bœuf étant à demi cuit, vous y ajoûterez quelques tendrons de poitrine de mouton, avec un cervelat, quelques ſauciſſes, un couple de perdrix, une poularde ou poulet, un levreau, un canard, un couple de bons pigeons, un couple de pieds de cochon, un couple d'oreilles de cochon. Aſſaiſonnez vôtre Oille de ſel, poivre en grain, une demi douzaine de cloux de girofle, la moitié d'une muſcade, une demi-douzaine de gouſſes d'ail, un demi gros de ſaffran en poudre. Vous ferez cuire le tout moderément. Etant cuit, & prêt à ſervir, vous dreſſerez toutes les viandes, & autres choſes dans un plat, & les arrangerez le mieux qu'il

vous

vous sera possible. Vous servirez chaudement, & vous mettrez par-dessus des gravances, que vous aurez fait cuire en particulier, & éplucherez. Cette sorte d'Oille se sert sans boüillon, il convient qu'elle soit servie dans un plat plûtôt que dans un pot à Oille.

Potage à la Jambe de Bois.

Prenez un jaret de bœuf, coupez-en les deux bouts, & laissez le gros os un pié de long, empotez-le tout dans vôtre marmite avec de bon boüillon & un morceau de tranche de bœuf, mettez-y une casserole d'eau froide, & la faite écumer; étant écuenée assaisonnée-là de sel, cloux de girofle, avec deux ou trois douzaine de carotes, une douzaine d'ognons, deux douzaine de pieds de celeri, une douzaine de navets, une mignonnette, une poulle, deux vieilles perdrix; faites aller vôtre marmite tout doucement; observez qu'il faut mettre vôtre marmite de bon matin, afin que vôtre boüillon se fasse plus aissément; prenez ensuite un morceau de rouelle de veau d'environ deux livres, faites le suer dans une casserole, & le moüillez de vôtre boüillon de Jambe de Bois; étant bien degraissé, remettez le tout dans vôtre marmite une heure avant que de servir, vous y mettrez une douzaine de pieds de celeri; vôtre boüillon étant assez fait, & de bons goût, prenez du pain chapellé à potage, levez-en les croûtes, & les mettez dans une casserole, passez du boüillon bien dégraissé par-dessus vos croûtes, & de faite mitonner; étant mitonné, dressez-les dans vôtre plat, & garnissez-le de toutes sortes de racines qui sont dans vôtre empotage, si vous le le voullez, & mettez l'os du jaret sur vôtre Potage, & achevez de le moüiller, & servez chaudement; si vous servez votre Potage dans un pot à Oille, vous n'avez pas besoin d'y mettre aucun légume.

Potage au Pié de Bœuf.

Prenez une marmite, mettez-y sept à huit livres de tranches de bœuf, & gigot de moutou, coupez en deux. Trois à quatre livres de tranches de veau, & la noix d'un jambon, mettez vôtre marmite dessus un fourneau; & étant attaché legerement, moüillez-là de bon boüillon, mettez y une poulle & une vieille perdrix, une mignonnettes avec des carrotes, panets, navets, avec un paquet de celeri, & faites qu'elle aille doucement; prenez ensuite vôtre Pié de Bœuf, & achevez de le faire cuire dans un assaisonnement; le tout étant prêt, prenez du pain à potage qui soit chapelé, levez-en les croûtes, & les mettez dans une casserole, passez de vôtre boüillon, degraissez le bien, & le mettez par-dessus vos croûtes, faites mittonner vôtre potage; étant mittonné, dressez-le dans un plat, mettez le Pié de Bœuf dessus, achevez de le moüiller de boüillon, & servez chaudement, de bon goût.

Potage de Serfeüil à la Hollandoise.

Vous aurez un bons corps de boüillon naturel, où vous couperez un jaret de veau en morceaux, de la grosseur d'un œuf, vous l'écumerez, & ne le laisserez point trop cuire; une demie heure avant que de servir, vous y metterez des boul-

boullettes d'un godiveau, point trop gras, & qui se soutienne, vous roullerez vos boullettes dans de la chaplure de pain; avant que de les jetter dans le Potage, il faut qu'elle ne soient pas plus grosse que des moyenes noix; un quart d'heure avant que de servir, vous y jetterez vôtre Serfeüil en grande quantité, haché bien fin, mettez y une poignée de farinne en le hachant; il en faut bien pour un grand Potage, une bonne assiette plaine; quand cela est haché, il est à remarquer qu'il ne le faut point quitter, & quand le Serfeüil est dedans, on doit le tourner toûjours, jusqu'à ce que l'on serve, on y met point de pain.

Potage de Santé à l'Orge perlée, à la Hollandoise.

Vous aurez un bon corps de boüillon, dans lequel vous mettrez cuire un jaret de veau, ou une volaille, tous les deux si vous le voullez, vous passerez toutes sortes d'herbe hachez, comme dans le Potage de Santé, à l'ordinaire, & vous les jetterez dedans; vous prendrez la valleur d'un quarteron & demi d'orge perlée, que vous ferez cuire dans une casserole; étant presque cuite, vous la jettez dans votre Potage; & une demie heure avant que de servir, vous y metterez des boulletes de godiveau, comme dans celui ci-dessus, & vous pourrez mettre la volaille, & le jaret, dessus, sans y mettre de pain: car l'Orge sert de pain.

Potage de Ris, à la Polonoise, que l'on nomme Roussole.

Prenez du Ris, lavez-le, épluchez-le bien proprement, & le mettez cuire dans une marmite avec

avec un jaret de veau, un chapon coupé en quatre, moüilliez-les d'eau chaude, & les faites cuires tout doucement; mettez-y une pognée de racine de persil, une pognée de persil en feüilles, une bonne pincée de fleur de muscade, une pincée de poivre, un morceau de beure; faites cuire le tout doucement, & le mettez leger, & de bons goût; un moment avant que de servir, mélez-y une petite pognée de persil en feüilles, & dressez vôtre Potage dans le plat que vous voulez servir, mettez vôtre chapon coupé en quatre dessus, & servez chaudement.

Oille au Ris, au Coulis d'Ecrivices.

Prenez du Ris, épluchez-le, lavez-le, & le mettez dans une marmite avec de bon boüillon; faites-le cuire tout doucement, & mettez cuire une demi douzaine d'Ecrevices tout en vie dans vôtre Ris; étant cuit, & de bon goût, mettez-y dessus un bon coulis d'Ecrevices, avec les queuës, & tirez vos Ecrevices de vôtre Ris, & servez chaudement.

Oille au Ris, au Coulis à la Reine.

Faites cuire vôtre Ris dans une marmite, avec un bon boüillon, & une poularde; faites un Coulis blanc, prenez un morceau de veau & de jambon coupez en dez, avec un ognon, & le moüilliez de bon boüillon; prenez le blanc d'une poularde cuite à la broche, & le faites piler dans le mortier; étant pilé, tirez la viande de vôtre Coulis, & y mettez vôtre blanc de poularde, passez le tout à l'étamine, & le mettez dans vôtre Ris, & dressez vôtre poularde dans le plat que vous voulez servir; voyez que celà soit de bon goût, & servez chaudement.

Potage à la Galbeure, autrement Beurnoise.

Prenez un morceau de tranche de bœuf, de cinq à six livres, un colet de mouton, un colet de veau; empotez le tout dans vôtre marmite, & la mettez suer sur le feu; étant atachez legerement, moüillez-là de boüillon, & d'un peu d'eau pour la faire écumer; étant écumée, mettez-là devant le feu; prenez des choux, & les coupez en quatre, faites les blanchir à l'eau boüillante; étant blanchis, mettez les à l'eau froide, & les pressez bien, & en faites des paquets, emportez-les dans vôtre marmite; mêlez-y une mignonnette, un cervelat, un morceau de petit salé, un combien de jambon, avec un morceau de jambon, trois ou quatre cuisse d'Oilles, une demi gouse d'ail; le tout étant comme il faut, prenez du pain bis & le coupez en dez, gros comme le bout du pouse, & le mettez dans vôtre plat; passez-y du boüillon du derriere de vôtre Potage, & le mettez sur le feu; faites attacher vôtre pain, tirez-en la graisse, ôtez vos cuisses d'Oilles & vos choux, dressez vos choux au tour du plat; & mettez vos cuisses d'Oilles par-dessus le pain, & achevez de le remplir de boüillon, & servez chaudement.

Ker-

Kervel-Maes : Est un Potage qui se mange, ordinairement, dans le mois de Mars & Avril ; Voici pour le Gracs.

L'on prend un jaret de veau, haché en petits morceaux, excepté l'os & la moëlle ; de la chair, l'on en fait un godiveau ; lequel étant assaisonné de peu de sel, noix de muscades, biscuits pillez, & jaunes d'œufs ; l'on en fait des endoüillettes grosses comme un œuf de pigeon ; lesquelles étant cuites dans une marmite, pendant l'espace d'une grosse heure, l'on prend trois à quatre pognées de serfeüil : épluchez deux à trois poreaux, une bonne pognée de poreaux ; lesquels étant hachez, l'on y mele deux à trois cuillerées de farine délayées, avec quelques cuillerées de boüillon ; & cuites comme l'on feroit une boüillie au lait clair. Ce Potage doit être clair, & point fané. Pour le maigre, l'on coupe quelques anguilles en tronçons, dont l'on forme le boüillon, & l'on y peut mêler une pognée d'ozeille parmi les autres herbes.

Potage de Fricandeaux Glacez

Prenez une noix de veau qui soit bien blanche & mortifiée, faites-là piquer de menu lard, & la faites cuire tout comme ceux qui servent pour entrées ; prennez une autre noix de veau, & la coupez par tranches bien minces, & la baté avec le plat de vôtre couperet, faites-là piquer en Fricandeaux ; ensuite, mettez les Fricandeaux cuires avec la noix, & les glacez : faites un coulis de cette façon; prenez un morceau de la roüelle de veau, & la coupez par morceaux, & quelques tranches de jambon coupez par petits morceaux, & les mettez dans la casserole avec un ognon & carotes coupées; mettez vôtre casserole dessus le feu à suer tout doucement, & la faites attacher; ensuite, moüillez-le de bon boüillon: prenez une perdrix cuite à la broche, ou bien quelques carcasses de deserts, & les faites piler; étant pilées, tirez de vôtre casserole le veau & les racines, & y mettez vôtre perdrix pilée, & une petite cuillerée à pot de coulis, & lui donnez du goût, & le passez à l'étamine: étant passé, mettez-le dans une petite marmite, & le tenez chaudement; prenez un pain à Potage, levez-en les croûtes, & les mettez dans une casserole; passez de vôtre boüillon à mitonnage; goutez-le, & le dégraissez; mitonnez vos croûtes avec ce Boüillon. Votre Potage étant mitonné, mettez-le dans le plat, où vous le voullez servir; prenez vos Fricaudeaux, & les coupez bien minces par filets, & en garnissez le bord de vôtre Potage; mettez vôtre coulis par-dessus vôtre mitonnage; ensuite, vôtre noix de veau glacée, & servez chaudement.

Potage de Cardes piquées & Glacées.

Prenez de belles Cardes, coupez-les par tronçons, long comme un doigt, & les faites blanchir à l'eau boüillante, sans les éplucher; étant blanchies, mettez-les dans l'eau fraische, & les netoyez bien avec les doigts, sans y mettre le coûteau: étant bien netoyez, faites les piquer

de

de petit lard; étant piquées, mettez les dans une casserole avec des bardes de lard dessous; mettez-y du sel, cloux, un morceau de beurre, de citron, de bon boüillon, & les faites cuirres ensuite: faites une glace, prenez une livre de roüele de veau, & la coupez par petits morceaux, avec quelques tranches de jambon; mettez le tout dans une casserole, & le moüillez de bon boüillon: faites cuire le veau; étant cuit, passez le boüillon, & le mettez dans une casserole suffisamment grande, pour y pouvoir aranger vos Cardes. Mettez vôtre casserole avec le boüillon sur le feu, & la faites tarrir, jusqu'à ce que vôtre boüillon deviene en caramel: ne l'abandonnez pas, de peur qu'il ne noircisse; alors, tirez vos Cardes de leur blanc, & les arangez dans la casseroles, le lard dans le caramel; mettez-le sur des cendres chaudes, prenez un pain à Potage, & en levez les croûtes, & les mettez dans une casserole, passez du boüillon de vôtre mitonnage, goutez-le, & le degraissez, & mitonnez. Vos croûtes étant mitonnées, mettez-les dans leurs plat, & deux perdrix dessus, où bien deux gros pigeons, & vos Cardes au tour du bord de vôtre plat; mettez-y un coulis comme au Potage des Friandeaux glassez, & servez chaudement.

Potage de Mouton à l'Angloise.

Vous prenez un caré de Mouton, coupez en quatre où cinq morceaux, lavez-le bien, & le mettez dans une marmite avec de l'eau, la quantité que vous jugerez à propos, ayez soin de le bien écumer, & y mettre du sel, des

 ognons,

ognons, des navets, porreaux, persil, & tin; & quand vôtre boüillon est fait, vous le passerez dans uns casserole, & y mettrez de la farine d'avoine bien fine, & les laisserez boüillir quelques tems; & puis, vous y ajoûterez un peu de percil haché, & quelques feüilles de fleurs jaunes, qu'on apelle en Anglois, *mary gools*, & en François, fleur de souci, & mettre du pain grillé dedans une tête d'agneau, où colet de mouton.

Bisque de Poularde.

Vuidez, & troussez proprement une Poularde, faites la blanchir dans de l'eau chaude; étant blanchie, mettez-y une barde de lard, & la faites cuire dans de bon boüillon, ou dans vôtre mitonnage, avec un ognon piqué de clou de girofle, vous la laisserez cuire comme il faut; étant cuite, vous l'ôterez du feu, & la mettrez sur les cendres chaudes pour l'entretenir chaudement: vous faites mitonner vos croûtes de pain chapelé, avec de bon boüillon dans une casserole; étant bien mitonnées, vous les dresserées dans vôtre plat à Potage; ensuite, mettez-y vôtre poularde avec un coulis à la Reine par-dessus, garnissez les bords de vôtre plat avec des crêtes de coq, ou des Ris de veau coupez en filets bien blanc, & servez chaudement. Une autre fois, vous y pouvez mettre un jus de veau clair: une autre fois un jus de veau lié de coulis & d'essences.

Bis-

Bisque de Cailles, & Autres.

Vous trousserez vos Cailles bien proprement, comme des poulets ; étant troussez, vous les empotez bien proprement dans une petite marmite avec de bon boüillon, un morceau de tranche de bœuf, & une tranche de jambon ; & vous les faites cuire à petit feu ; vous garnissez le bord de vôtre plat de crêtes de coq, & de fricandeaux de ris de veau. Prenez un pain à potage, levez-en les croûtes, & les mettez dans une casserole, & passez le boüillon où ont cuit vos Cailles, degraissez-les bien; étant degraissées, moüillez-en vos croûtes, & les faites mitonner; ensuite, dressez-les dans le plat à potage, garnissez-en vos Cailles par-dessus, avec vos culs d'artichaux; ensuit, mettez-y par-dessus un coulis de veau, ou un coulis à la Reine, ou un jus de veau, & servez chaudement.

Vous trouverez la maniere de faire le coulis à la Reine au Chapitre des Coulis.

Bisque de Pigeons à la St. Cloux, au jus de Veau.

Il faut prendre des Pigneons les plus frais tuez, les échauder, blanchir, éplucher, & vuider, & les trousser proprement, les faires cuire dans de bon boüillon clair, avec quelques bardes de lard, quelques clous de girofle, & tranches de citron : on ne le mettra au feu qu'une heure avant que de servir, selon la grosseur de vos Pigeons. Vos Pigeons étant cuits, vous les

les tirerez en arriere du feu; vous ferez cuire à part, dans une petite marmite, des crêtes bien échaudez, & bien épluchez, avec des bardes de lard, de la graisse de veau, & du boüillon, une tranche de citron, un ognon, des clous de girofle. Vos Pigeons & vos crêtes étant prêts, prenez un pain chapelé, & en levez les croûtes, & les mettez mitonner avec du boüillon de vôtre mitonnage: vôtre potage étant mitonné, dressez-le dans vôtre plat, & garnissez le bord de vôtre plat de crêtes, & mettez vos Pigeons dessus, avec un bon jus de veau, d'une belle couleur, & servez chaudement,

Autre Potage, ou Bisque de Pigeons à la St. Cloux au Blanc.

Il faut prendre de petits Pigeons échaudez, & les bien éplucher, les vuider, & trousser proprement, & les mettez dans une petite marmite avec des crêtes, les nourrir de bardes de lard; faites un coulis aux blanc, de cette façon, qui s'apelle à la Reine, prenez un morceau de tranche de veau, & quelques tranches de jambon, le tout coupez en dez, mettez les dans une casserole avec un panet, un ognon coupé par tranche, moüillez-le de bon boüillon, le plus blanc que vous pourrez, & les faites cuire tout doucement; la viande étant cuite, tirez-là, mettez un morceau de mie de pain blanc; il faut prendre du blanc de poulet, ou de poularde: il n'en faut pas moins que le blanc d'une poularde; faites-là bien piler: si vôtre coulis ne paroît pas assez blanc, prenez deux dou-

douzaines d'amandes douces, & les échaudez à l'eau boüillante pour en ôter la peau, & les faites piler ; étant pilées, detrempez-les dans vôtre coulis avec vôtre blanc de poularde, mettez-y un verre de lait boüilli : obſervez qu'il ſoit de bons goût, & le paſſez à l'étamine ; étant paſſé, mettez-le dans une petite marmite, & le tenez chaudement ; prenez un pain chapelé, & en levez les croûtes, & les mettez dans une caſſerole ; paſſez vôtre boüillon de mitonnage, & moüillez vos croûtes, & les faites mitonner ; étant mitonnez, dreſſez-les dans vôtre plat, & en garniſez le bord de vos crêtes, & mettez vos Pigeons ſur vôtre Potage ; mettez vôtre Potage ſur un petit fourneau tout doucement ; étant prêts à ſervir, mettez vôtre coulis à la Reine par-deſſus, & ſervez chaudement.

Potage à la Jacobine.

Prenez un couple de perdrix, & un poulet, faites les cuire à la broche ; étant cuites, tirez-en la viande, & la mettez ſur une table, & la hachez bien : étant hachée, mettez-là dans une caſſerole avec un peu de coulis, prenez un petit pain chapelé d'une demi livre, & le rempliſſez de ce hachis : obſervant d'en garder pour mettre ſur vôtre Potage ; faites piler les carcaſſes de vos perdrix ; étant pilées, mettez-les dans une caſſerole avec du coulis, une cuillerée de boüillon, faites lui faire un couple de boüillons : obſervez qu'il ſoit de bons goût, puis le paſſez à l'étamine ; étant paſſé, mettez-le dans une petite marmite, avec le reſtant du

B 5 hachis

hachis de vôtre pain, prenez du pain de Potage, & le coupez en tranches fort minces; ayez du Parmezan rapé, faite un lit de tranches de pain dans le fonds de vôtre plat, & un lit de vôtre Parmezan rapé; continuez de même, jusques à ce qu'il y ait assez de pain dans vôtre Potage; ensuite, mettez vôtre plat sur un fourneau, & le moüillez de bon boüillon; laissez-le mitonner tout doucement; étant prêt à servir, mettez-y vôtre pain, & l'arosez tout doucement de bon boüillon, & garnissez le bord du plat de petits fleurons, & vôtre coulis pardessus, servez chaudement.

Potage à la Houzarde.

Prenez deux poulets, épluchez-les, vuidez-les, & les troussez, jetez-les pendant demi-heure, dans vôtre mitonnage; ensuite, tirez-les, & les depiecez comme une fricassée de poulets, mettez les dans une casseroles avec du beure fondu, assaisonnez de sel, poivre fines herbes, & fines épices; & les pannez de mie de pain, & de Parmezan; arangez-les dans une tourtiere, & les faites prende couleurs au four; prenez du pain & le coupez pas tranches, faitez-en un lit dans vôtre plat, & un de Parmezan; ajoûtez-y un lit de choux, & un lit de pain par-dessus, que les choux ne paroissent point; mettez vôtre plat dessus un fourneau, & le moüilliez de bon boüillon: étant mitonné, & que le pain se trouve à sec, poudrez-le de Parmezan, & lui faites prendre couleurs avec un couvercle de tourtiere; ensuite, prenez une petite écumoine, & la faites glisser sous vôtre pain, & y mettez du boüillon, jusques

ques à ce que vôtre pain nage ſur le boüillon; étant prêt à ſervir, arangez-y vos poulets que vous avez pannez, & ſervez chaudement.

Potage de Marrons.

Prenez des Marrons, & en ôtez la groſſe peau, mettez les dans une tourtiere, feu deſſus & deſſous, ou bien dans le four; ôtez-en la petite peau, mettez les dans une marmite, avec de bon boüillon, pour les faire cuire; prenez une caſſerole, & y mettez environ demi livre de veau, quelques tranches de jambon, & carotes, ognons, le tout coupé par morceaux; mettez cela ſuer ſur un fourneau, juſqu'à ce qu'il s'attache; étant ataché, moüillez-le de bon boüillon: obſervez qu'il faux avoir quelques carcaſſes de perdrix, ou de faiſants, que vous ferez piler; étant pillez, tirez la viande de vôtre caſſerole, avec une écumoire; puis, y mettez vos carcaſſes pilez: obſervez que le boüillon ſoit de bon goût; metrez-y un peu de vôtre coulis, & le paſſez à l'étamine, étant paſſé, mettez-le dans une petite marmite, & le tenez chaudement; prenez un pain de Potage chapelé, levez-en les croûtes, & metez-les dans une caſſerole; paſſez du boüillon de vôtre mitonnage; étant paſſé, degraiſez-le bien, moüillez-en vos croûtes, & les faites mitonner; étant mitonnez, mettez-les dans le plat où vous voudrez ſervir: garniſſez le bord de vôtre plat, de Marrons; mettez ſur vôtre Potage un couple de gros pigeons, ou bien de perdrix, avec vôtre coulis par-deſſus, & ſervez chaudement.

Potage de Soles en Gras.

Prenez des Soles qui ſoient bien fraiches, ratiſſeztissez-les, & les lavez bien; si elles sont petites, prenez-en deux pour farcir; si elles sont grandes, vous n'en prendrez qu'une pour mettre au milieu de vôtre Potage: prenez la Sole à farcir, du côté de la téte, proprement; il la faut presser au-dessus pour en pouvoir faire sortir tout l'arête, & la renverser: faites une farce d'un blanc de volaille, un peu de lard blanchi, un peu de graisse de bœuf, quelques champignons, persil, & ciboules hachées, assaisonnez de sel, poivre, fines herbes, & fines épices, trois à quatre jaunes d'œufs, crus, un peu de jambon cuit, de la grosseur d'un œuf, de mies de pain cuites dans de la crême; hachez bien le tout ensemble, & le pillez dans le mortier, farcicez de cette farce les Soles; étant farcie, prenez une tourtiere, mettez-y quelques bardes de lard, & vos Soles pardessus; arrossez-les avec un peu de beurre, & les pannez de mies de pain; ensuite, faites les cuire au four, ou sous le couvercle: observez qu'elles prennent une belle coulleur; faites frire trois à quatre Soles; étant frites, les couper par filets, & en garnissez le bord de vôtre Potage le plus proprement qu'il vous sera possible: ensuite, prenez un pain à Potage, chapelé, levez-en les croûtes, & les mettez dans une casserole, passez du boüillon de vôtre mitonnage, moüillez-en vos croûtes, & les faites mitonner; étant mitonnées, dressez-les dans vôtre plat à Potage, & mettez pardessus vôtre coulis blanc à la Reine, où un jus de veau, & vos Soles dessus, servez chaudement.

Potage aux Pois à la Bourgeoise.

Prenez des petits Pois, & les ayant écossez, & mis les gros à part, il vous serviront pour faire

faire de la purée verte ; prenez pour celà les gros Pois, & les faites blanchir, tant-soit-peu, avec, un verd de ciboule, & un peu de persil; après celà, faites les piler, & y mettez une mie de pain trempé dans de bon boüillon: ayant pillé le tout ensemble, passez-le par l'étamine à force de bras, avec de bon boüillon; faites que vôtre purée soit un peu liée. Il faut prendre vos petis Pois avec un peu de lard dans une casserole; passez vos Pois avec celà, & les moüillez de bon boüillon: on y met un bouquet de persil, de ciboule, un brin de sarriette ; vos petits Pois étant cuits, vous y metrez la purée verte. On y passe aussi quelques cœurs de laituës pommées en petites tranches, avant que de mettre les petits Pois, le tout bien assaisonné; faites mitonner vôtre Potage avec du boüillon de vôtre mitonnage ; étant mitonné, mettez un peu de purée par-dessus, & y rangez vos vollailes sur vôtre Potage; vous le garnirez de laituës farcies, ou non farcies, ou de concombres, ou de petit lard, selon que vous le jugerez à propos: arrossez ensuite vôtre Potage avec de la purée, & petit Pois, & servez chaudement,

Autre Maniere.

Prenez de gros Pois verds, & les mettez dans une casserole avec un peu de lard fondu, ou du beure fondu, de la ciboule, & du persil, & les passez sur un fourneau à petit feu; ayant sué, & étant cuits, pilez-les dans un mortier, prenez un morceau de veau, & un morceau de jambon, coupez le tout par petites tranches, & garissez le fond d'une casserole avec un ognon, un peu de carotes, & panets, & la couvrez, & la mettez suër

sur

ſur un fourneau : lorſque le veau commence à s'attacher à la caſſerole, & qu'il rouſſit ; moüillez-le d'un bon boüillon, & y mettez la groſſeur d'un œuf de mie de pain, deux à trois chanpignons, & le laiſſez mitonner à petit feu ; étant cuit, tirez-le, & lavez-y les Pois qui ſont pilez dans le mortier, & les paſſez dans une étamine ; paſſez des petits Pois dans un peu de lard fondu, où du beure, dans une caſſerole, & les moüillez de bon boüillon, & y mettez un bouquet, & y vuidez la purée ; mitonnez vos croûtes de bon boüillon ; dreſſez proprement la volailles que vous avez preparez, & garniſſez le bord de vôtre plat de petit ſalé, coupé par tranches : vóyez que la purée ſoit d'un bon goût, & qu'elle ne ſoit point trop liée, mettez-là ſur le Potage, & ſervez chaudement.

On ſert beaucoup de ſemblables Potages aux Pois dans la ſaiſſon, comme auſſi des têtes d'agneaux, canards, oies, poulets farcies, dindons, & autres que l'on doit empoter ſeparement, avec un bon boüillon : on garni, dans la ſaiſon de pointes d'aſperges, laituës farcies, ou concombres : hors de la ſaiſſon, on peut faire de la purée avec de vieux Pois, & celà eſt bon, ſur-tout, pour les canards & andoüilles. Il eſt aiſé de ſe regler ſur cet article, pour le Potage aux Pois en maigre, les paſſants au beure blanc, & faiſant mitonner vos croûtes de vôtre boüillon de mitonnage maigre, dont la maniere de le faire, eſt à la tête des Potages maigres.

Potage de Canards aux Navets.

Prenez un Canard, plumez-le, vuidez-le, & le trouſſez proprement, & le faites blanchir ; métez

tez un morceau de bœuf dans une casserole, avec un morceau de mouton, & vôtre Canard; mettez le tout à suer sur un fourneau; & quand il commencera à s'attacher, moüillez-le de boüillon; & ensuite, tirez vôtre viande, & passez vôtre boüillon, & empotez le tout dans une marmite avec des navets, carotes, & ognons; mettez ensuite vôtre marmite au feu, & la faites cuire doucement; après celà, tournez des navets, soit en quilles, soit en longs ou en champignons, comme vous le jugerez à propos; & d'autres en petis dez pour jetter dessus vôtre Potage; ensuite, faites les blanchir; étant blanchis, mettez les dans une petite marmite, & les moüillez de vôtre boüillon d'empotage, & les faites cuires; étant prêt à servir, prenez un pain, à Potage, levez-en les croûtes, & les marquez dans une casserole, passez le boüillon de vôtre empotage, & le degraissez bien, étant degraissé, moüillez-en vos croûtes de pain, & les faites mitonner, tirez vos Navets, & en garnissez les bords de vôtre plat à Potage. Vos croûtes étant mitonnez, dressez les dans le plat, avec vôtre Canard, & vos Navets coupez en petits dez par-dessus, achevez de le moüiller; observez que vôtre boüillon soit, d'un bon goût, & bien degraissé & servez chaudement.

Les oisons, sarcelles, jarets de cerfs & de sangliers se peuvent servir en pareils Potages aux Navets, comme aussi les pigeons ramiers, ou autre pigeons.

Potage de Perdrix aux Choux.

Prenez des Perdrix, étant plumez, vuidez, troussez, & refaites, piquez les de gros lard, si vous vou-

voulez bien assaisonner, ayez un petit gigot de mouton, un morceau de veau, un morceau de mouton, & un morceau de bœuf; mettez le tout dans une casserole, & le faites suer sur le fourneau, jusqu'à ce qu'il s'attache comme un jus de veau, moüillez-le de boüillon, & mettez vôtre viande dans une marmite, passez vôtre boüillon, & y mettez vos Perdrix ficellées; faites blanchir des choux, & les mettez par paquets dans vôtre empotage avec un merceau de jambon, un morceau de cervelat, un morceau de petit salé, quelques ognons, carotes, une mignonnette; prenez trois à quatre cloux de girofle, demie-douzaine de grains de poivre blanc, un couple de gousses d'ail, une pincée de coriandre; mettez le tout dans un morceau d'étamine, & le ficellé; étant ficellé, mettez-le dans vôtre Potage aux choux; quand vôtre Potage sera cuit, que l'heure s'aprochera pour servir, prenez un pain à Potage, & en levez les croûtes, & le mettez dans une casserole, passez vôtre boüillon de Potage, & le dégraissez bien; faites mitonner; vos croûtes; étant mitonnées, dressez-les dans vôtre plat à Potage, & garnissez de vos choux, & de petit lard, & de cervelat. Vous pouvez garnir vôtre plat avant que d'y mettre vos croûtes mitonner: étant dressées, mettez vos Perdrix dessus, achevez de les moüiller de vôtre boüillon de choux; observez qu'il soit de bon goût; & servez chaudement.

Potage de Perdrix à la Reine.

Vos Perdrix étant plumées, videz-les, flambez-les, épluchezles proprement, troussez-les, & les piquez de gros lard, & les faites cuire

cuire à demi, à la broche; ensuite, tirez-les, & les empotez avec un morceau de bœuf & de veau dans une marmite, avec de bon bouillon, & les faites cuire à petit feu; ensuite, prenez une Perdrix cuite à la broche, & la pillé prenez une livre, ou deux, de rouelle de veau, & un morceau de jambon, coupez le tout par morceaux, ou en tranches, & en garnissez le fond d'une casserole, & mettez un ognon coupé en tranches; un peu de carotes; mettez-les suer sur un fourneau tout doucement: & quand il commencera à avoir couleur, mouillez-le de bon bouillon, & l'assaisonnez de deux ou trois cloux de girofle, quelques champignons, si vous en avez, coupez par tranches du persil, ciboule entiere, de la grosseur de deux œufs, de mie de pain; faites mitonner le tout ensemble à petit feu; la mie de pain étant mitonnée, & le veau, & le jambon étant cuits, tirez-les, & prenez la Perdrix, qui est pilée dans le mortier, & la délayez dans la casserole; ensuite, passez vôtre coulis à l'étamine, & le vuidez dans une marmite, pour le tenir chaud; mitonnez des croûtes du même bouillon où les Perdrix ont cuites, dressez les Perdrix sur le Potage, & le servez chaudement.

Autre Potage blanc à la Reine.

Prenez des Perdrix, vuidez-les, & les épluchez bien, d'étachez-en la peau de dessus l'estomac, le plus proprement que vous pourrez, sans la casser, ôtez-en les blancs, & en faites une petite farce blanche, que vous mettrez dans le corps de vos Perdrix; ensuite, faites cuire vos Perdrix dans une petite marmite, avec de bon boüillon : Vos Perdrix étant cuites, prenez un pain à Potage, levez-en la croûte, & le marquez dans une casserole, moüillez-le de vôtre boüillon de mitonnage, & de celui où ont cuit vos Perdrix, après l'avoir passé: Vos croûtes étant mitonnées, dressez-les dans vôtre plat à Potage, & y mettez vos Perdix dessus; garnissez vôtre plat de crêtes de coq, mettez par-dessus vôtre Potage, un coulis blanc à la Reine, & servez chaudement. Vous trouverez la maniere de faire le coulis blanc à la Reine, au Chapitre des Coulis.

Potage aux Cardons d'Espagne.

Prenez un pain à Potage, levez-en les croûtes, & mettez les dans une casserole, & les moüillez de vôtre boüillon de mitonnage, garnissez vôtre plat à Potage de Cardons d'Espagne; Vôtre Potage étant mitonné, dressez-le dans son plat, & y mettez un couple de Perdrix, où bien, un couple de Pigeons, que vous aurez tout prêts; où bien, un petit-pain de profitrolle, & quelques montants de Cardons en filets par-dessus; mettez par-dessus un jus de veau à demi lié : observé qu'il soit d'un bon goût, & servez chaudement. Le jus de veau à demi lié se fait de cette maniere; prenez une livre & demi de roüelle de veau, & un peu de jambon, coupez le tout par tranches, & en garnissez le fond d'une casserole avec un ognon, carotes & panets; couvez-le, & le mettez sur un petit feu; & lorsqu'il est attaché, & que vous voyez qu'il a pris une belle couleur, mettez-y un peu de beurre, & le poudrez de farine, & lui faites faire sept à huit tours sur le four-

fourneau, & le moüillez, moitié bon boüillon, moitié jus, & l'assaisonnez de ciboule entiere, un peu de persil, un peu de basilic, quelques champignons & truffes, si vous en avez, deux ou trois cloux de girofle; faites mitonner le tout ensemble, tirez les tranches de veau de la casserole, passez le jus de veau de la casserole dans un tamis, qu'il soit clair, & cependant, qu'il soit lié, & d'une belle couleur, & vous en servez pour mettre sur vôtre Potage.

Soupe à la Bourgeoise.

Mettez dans un pot de terre quatre livres de bœuf, & le faites écumer, assaisonnez-le de sel, quelques cloux de girofle, une demi douzaine de carotes, autant d'ognons, trois ou quatre piés de celeri, dont vous garderez le cœur pour en faire un bouquet, qui vous servira à mettre sur vôtre potage; & vous laverez le restant que vous mettrez sur le champ dans vôtre marmite, après en avoir fait un bouquet: ensuite vous y mettrez un petit jarret de veau, ou autre, & un petit colet de moutton: le tout, bœuf veau & mouton, pesans six livres, où environ; ensuite, mettez le cœur de vôtre celeri dans le pot: vous ferez cuire le tout doucement, mettant le pot devant le feu; ensorte, que cela ne boüille que d'un côté. On peut ajoûter un paquet de deux ou trois laituës; la viande étant cuite, & le boüillon d'un bon goût, vous mitonnerez du pain de vôtre boüillon, la quantité que vous jugerez à propos, & mettrez par-dessus vos cœurs de celeri, avec quelques morceaux de carotes, ognons; & une autre fois, vous pouvez mettre à cuire dans un petit pot

 de

de terre, ou marmite, une pognée d'ozeille, quelques laituës, chicorée, serfeüil, & y mettrez de vôtre boüillon; cela vous servira à mettre sur vôtre potage. Il faut observer que le pot, dans lequel vous mettrez la viande, ne soit pas trop grand; autrement, la quantité de boüillon seroit trop grande, & vôtre Soupe ne vaudroit rien.

Croûtes aux petits Pois verds.

Prenez des petits Pois, & les mettez dans une casserole, avec un peu de bon beurre frais, & un bouquet, & les assaisonnez de sel; étant passez sur le fourneau, moüillez les d'un jus de veau, & les laissez mitonner à petit feu; ensuite, prenez un couple de pains ronds, d'une livre pesant, coupez-les en deux, & en tirez la mie: si les quatre croûtes peuvent entrer dans vôtre plat, vous les employerez, ou ce que vous jugerez à propos, suivant la grandeur du plat que vous jugerez à propos de servir; mettez vos Croûtes dans une casserole; mettez une pincée de poivre concassés par-dessus, avec un peu de sel, prenez une cuillierée de boüillon gras de vôtre marmite, & le passez dessus; & sur le champ, dressez vos croûtes dans vôtre Plat, faites qu'elles se soûtiennent, & les faites attacher: vos Pois étant d'un bon goût, mettez-les par-dessus vos Croûtes, & servez chaudement.

Croûtes à la Purée verte.

Faites attacher vos Croûtes comme celles ci-dessus, étant attachez, vous jetterez par-dessus un coulis verds, & servirez chaudement. Vous trou-

trouverez la maniere de faire ce Coulis verds, au Chapitre des Coulis.

Croûtes au Coulis de Nentilles.

Faites attacher vos Croûtes comme celles ci-devant; étant attachées, mettez un Coulis de Nentilles par-dessus, & les servez chaudement. Vous trouverez la manier de le faire, au Chapitre des Coulis.

Potage de Croûtes aux Côtes de Pourpier.

Epluchez bien les Côtes de Pourpier, & les faites blanchir à l'eau comme les cardes; étant blanchis, tirez-les, & les mettez égoûter; ensuite, mettez-les dans une casserole avec un jus de veau, & jambon demi-lié, & les faites mitonner à petit feu; étant mitonnez, voyez qu'ils soient d'un bon goût, & qu'il y ait assé de jus pour moüiller les Croûtes: faites mitonner des Croûtes avec du jus de veau, & les faites attacher au fond du plat, étant attachées, voyez que les Côtes de Pourpier soient d'un bon goût, servez chaudement.

Potage au Coulis de Nentilles.

Prenez un pain à Potage, levez-en les croûtes, & les marquez dans une casserole; moüillez-les de vôtre boüillon de mitonnage; étant mitonnées, dressez-les dans leur plat, & mettez un couple de pigeons, ou de perdrix, ou un camuson de mouton, & garnissez vôtre Potage de de petit lard, ou de pain frit, ou de fleurons : observez que vôtre Coulis de Nentilles, soit bon, mettez-le par-dessus vôtre Potage, & servez chaudement. Vous trouverez la maniere de faire ce Coulis, au Chapitre des Coulis.

Potage de Racines.

Après avoir fait de bon boüillon, passez-le dans une marmite, & empotez-y un chapon, avec des Racines, c'est-à-dire, Carótes, Panets, & Racines de Persil, le tout coupé en petits filets; étant cuits ensemble, mitonnez vôtre Potage, mettez le Chapon dessus, garnissez le bord du plat des filets de vos Racines, & achevez de le moüiller de vôtre boüillon, & servez chaudement ; l'on fait aussi des Potages de Cailles, Rameraux, Poulardes, & autres aux Racines.

Potage de Perdrix aux Nentilles.

Ayez des Perdrix bien épluchées, & vuidées, & troussées, piquez-les de gros lard, bien assaisonné, & les ficelez, & les empottez dans une marmite avec du petit lard, que vous coupez par tranche, & qui se tienne à la coüenne, mettez y des Nentilles avec du boüillon, & les faites cuire; prenez deux livres de veau, & un morceau de jambon, coupez le tout par tranches ; & en garnissez le fond d'une casserole, avec des ognons, carotes, &c. Que vous mettrez par-dessus vôtre viande, & le tout entier ; couvrez la casserole, & la mettant sur un fourneau, laissez les suer. Lorsque vôtre viande sera attachée, comme un jus de veau, vous la moüille-

rez

rez avec du boüillon, & la laisserez mitonner; mettez-y des clous de girofle, ciboule entiere, du persil, & quelqnes champignons, un couple de rocamboles; le veau étant cuit, vous le tirerez de la casserole: vos Nentilles étant aussi cuites, gardez-en pour mettre dans vôtre coulis, & faites piler le reste: étant pilez, mettez les dans vôtre jux de veau; laissez les mitonner, & ayez soin de les bien degraisser, & y mettez un peu de vôtre coulis ordinaire; observez qu'il soit d'un bon goût, & le passez à l'étamine; étant passé, mettez-le dans une petite marmite, avec les Nentilles que vous avez gardez, & le tenez chaudement. Prenez un pain à Potage, levez-en les croûtes, & les marquez dans une casserole, moüillez-les de vôtre boüillon de mitonnage, & le faite mitonner; garnissez de vôtre petit tard, les bords de vôtre plat à Potage; vos croûtes étant mitonnées, dressez-les dans le plat, mettez vos perdrix dessus, avec vôtre coulis de Nentilles, & servez chaudement.

Potage de Tortuës en Gras.

Faites cuire les Tortuës dans de l'eau & du sel; étant cuites, ouvrez-les, & en ôtez la chair des coquilles, & la coupez le plus proprement que l'on pourra, donnez leur la figure d'une cuisse de poulet en fricassée: Etant toutes coupées, marquez-les dans une casserole avec quelques champignons, truffes, si vous en avez, un bouquet; & moüillez-les d'un jus de veau, & les laissez mitonner à petit feu. Etant cuites, liez-les d'un coulis de perdrix. Prenez un pain à Potage, levez-en les croûtes; marquez les dans une casserole, & les moüil-

moüillez de vôtre boüillon de mitonnage : Vos croûtes étant mitonnées, dressez-les dans vôtre plat à Potage ; arrangez vos morceaux de Tortuë tout autour, & observez qu'ils viennent sur le bord du plat. Mettez vôtre coulis de Tortuë par-dessus vôtre Potage ; observez qu'il soit d'un bon goût, & servez chaudement.

Vous pouvez mettre une coquille de Tortuë empatée & frite sur vôtre Potage, si vous le voulez.

Potage d'Abbatis d'Oisons.

Vos Abbatis étant bien échaudez & netoyez, faites les cuire dans de bon boüillon, assaisonnez d'un bouquet de fines herbes, & sel : étant cuits, coupez les par morceaux, & les marquez dans une casserole ; mettez-y un coulis blanc à la Reine, où un coulis verd, où un coulis de nentilles, & les tenant chaudement, prenez un pain à Potage, levez-en les croûtes, mettez-les dans une casserole, & les moüillez du boüillon de vôtre mitonnage : Vos croûtes étant mitonnées, dressez-les dans vôtre plat à Potage, garnissez-les de vos Abbatis, mettez vôtre coulis par-dessus, & servez chaudement. On en peut faire autant des béatilles d'autres volailles.

Potage de Têtes d'Agneaux.

Ayant bien échaudé les têtes d'Agneaux, & les pieds, faites-les cuire avec les foyes, & du petit lard dans une marmite avec de bon boüillon ; faites mitonner des croûtes avec de bon boüillon ; étant mittonnez, dressez-les Têtes d'Agneaux sur le Potage, & les garnissez proprement

ment des pieds & des foyes, faites frire les cervelles, les ayant bien pannées, & qu'elles prenent une belle couleur, & les remettez à leur place. Ayez un coulis blanc, qui soit d'un bon goût, & le mettez sur le Potage, & le servez chaudement. Vous trouverez la maniere de le faire au Chapitre des Coulis.

A la place de ce coulis, on peut mettre sur le Potage des têtes d'Agneaux, une bonne purée verte, & garnir le Potage comme ci-dessus: Une autre fois des petis pois, & un coulis de même, selon la saison.

Potage sans Eau.

Mettez dans une marmite bien étamée une bonne roüelle ou tranche de bœuf, de la roüelle de mouton, de la roüelle de veau, un chapon, quatre pigeons, deux perdrix, le tout bien retroussé, & les grosses viandes batuës. Rangez-les dans vôtre marmite, avec quelques tranches d'ognons, quelques racines de panets, & persil, & assaisonnez de quelques cloux de girofle, & de sel, bouchez la bien avec de la pâte & du papier, afin qu'il n'entre ni ne sorte aucun air. Il faut avoir une autre grande marmite, où celle-ci puisse entrer; qu'il y ait de l'Eau qui boüille avec du foin, afin que l'autre marmite ne se tourne, & ne s'agite point dedans. Cette marmite doit ainsi boüillir continuellement dans l'Eau bien serrez, environ cinq ou six heures. Après, il faut la découvrir, & passer tout le jux que la viande aura rendu, & le bien dégraisser, & vous vous en servirez pour de petits Potages; ce boüillon est bon pour des Convalecents.

Potage de Santé, autrement dit, Julienne, avec une Poularde par-dessus.

Prenez une pognez d'ozeille, cœurs de laitues, coupez en cinq ou six morceaux, une pognez de pourpier, un bouquet de serfeüil, quelques filets de racines, tant de carotes que de panets, quelques pointes de celéri, une pognez de petits pois dans la saison ; le tout étant bien épluchez, lavez & rangez dans un plat, chaque sorte en son particulier, mettez du lard fondu dans une casserole, & y passez vos herbes & racines, les unes après les autres, la quantité que vous en voudrez pour vôtre Julienne; & en les passant, hachez-le comme vous le jugerez à propos, mais le moins sera le meilleurs. Etant passez, moüillez-le de bon boüillon, & ayez soin de les bien dégraisser. Ensuite, mettez-le dans une marmite avec une tranche de jambon, & les faites cuire tout doucement devant le feu. Prenez un pain à Potage; levez-en les croûtes, marquez-les dans une casserole, & les moüillez du boüillon de vôtre mitonnage. Vos croûtes étant mitonnées, dressez-les dans leur plat, & mettez vôtre Poularde dessus. Observez que vôtre plat à Potage soit garni, avant que d'y dresser vos croûtes. Ce Potage se peut garnir de toutes sortes de légumes, selon la saison. Observez aussi que vôtre Julienne soit de bon goût, & la mettez par-dessus vôtre Potage, & servez chaudement.

Potage de Santé aux Ognons.

Prenez un chapon, poularde, poulet, ou jar-

jarret de veau ; habillez-le proprement, & le troussez, & qu'il soit bien épluché. Laissez-le tremper, & le faites blanchir. Retirez-le dans de l'eau froide, & le mettez essuyer entre deux linges blancs, & l'épluchez bien ; pliez-le dans une barde de lard, & le ficelez, & le mettez cuire dans vôtre mitonnage, ou bien avec vos Ognons. Epluchez des ognons blancs, c'est-à-dire, coupez-en les deux extremitez, & les faites blanchir. Prenez-en la quantité que vous jugerez à propos pour faire le cordon de vôtre Potage ; c'est la grandeur du plat qui doit vous regler. Vos Ognons étant blanchis & épluchez, mettez-les dans une petite marmite avec de bon boüillon, du jux de veau, & une tranche de jambon, si vous en avez, & les faites cuire tout doucement. Vos Ognons étant cuits, mettez-les sur le cul d'un tamis tout doucement, de peur de les casser ; leur boüillon vous servira pour mitonner vôtre Potage, ou bien pour les rafraichir quand vous serez prêt à servir. Prenez un pain à Potage ; levez-en les croûtes, & les marquez dans une casserole ; passez du boüillon de vôtre mitonnage, & le dégraissez ; étant dégraissé, observez s'il est de bon goût, & faites mitonner vos croûtes avec : garnissez vôtre plat à Potage de vos petits Ognons ; vôtre Potage, étant mitonné, dressez-le dans son plat avec vôtre chapon dessus, & achevez de le moüiller de vôtre boüillon d'Ognon, ou d'un jux de veau, ou d'autre bon boüillon, & servez chaudement.

Potage de Poulets farcis aux Concombres.

Les Poulets étant farcis, & cuits dans une marmite avec de bon boüillon, pelez une demi-dou-

douzaine de Concombres moyens, & les vuidez par un bout, & les farcissez de la même farce des Poulets. Vous trouverez la maniére de faire cette farce, au Chapitre des Farces; faites cuire vos Concombres avec du boüillon du derriere de vôtre marmite. Prenez un pain à Potage; levez-en les croûtes, & les marquez dans une casserole; faites les mitonner avec du boüillon de vôtre mitonnage; vôtre Potage étant mitonné, dressez-le dans le plat que vous voulez servir, avec vos Poulets par-dessus: Garnissez le bord de vôtre Potage de Concombres farcis, coupez par tranches; mettez un jus de veau par-dessus, & le servez chaudement. On fait tous ces Potages de Poulets, sans les farcir, si l'on veut, les servant au naturel, & c'est la meilleure maniére. Les Potages de Chapons, Poulardes, Pigeons farcis, où sans être farcis, se font de la même maniére que ceux des Poulets ci-dessus.

Potage de Poulets aux Ecrevices.

Prenez des Poulets, épluchez-les bien, & les vuidez, & les troussez proprement, les laissant tremper dans de l'eau. Faites-les blanchir, retirez-les dans de l'eau froide, & les essuyez dans un linge blanc. Répluchez-les, & les envelopez d'une barde de lard sur l'estomac. Faites-les cuire dans vôtre boüillon de mitonnage. Prenez des Ecrevices, & les faites cuire dans très-peu d'eau. Prenez-en la quantité qu'il faut pour faire un cordon autour du plat de vôtre Potage; ôtez les petites pattes, & le bout des grosses; épluchez la queuë, & qu'elle tienne au corps de l'Ecrevice. Epluchez-en de cette maniére ce qu'il qu'il en faut pour garnir vôtre Potage: Quand la garniture de vôtre plat sera épluchée, mettez-là dans une casserole avec du sel, poivre, ognons coupé en tranches, persil, & une cuillerée de boüillon, & mettez vôtre casserole sur le feu pour lui faire prendre goût. Prenez un pain à Potage, levez-en les croûtes, marquez-les dans une casserole; passez du boüillon de vôtre mitonnage, dégraissez-le, observez qu'il soit de bon goût, & faites mitonner vôtre Potage. Garnissez vôtre plat à Potage de vos Ecrevices. Vos croûtes étant mitonnées, dressez-les dans leur plat, mettez vos Poulets par-dessus, & vôtre coulis d'Ecrevices, & servez chaudément, de bon goût, & leger.

On fait les Potages de chapons, de poulardes, de dindonneaux aux Ecrevices, de la même maniére que celui des Poulets.

Potage de Poulets au Ris, aux Ecrevices.

Faites cuire vos Poulets de la même maniére que ceux ci-dessus. La garniture du Potage d'Ecrevices est toute differente de l'autre maniére. Prenez du Ris, épluchez-le bien, & le lavez dans plusieurs eaux. Etant lavé, mettez-le dans une marmite, & le faites cuire avec de bon boüillon, & une demi-douzaine d'Ecrevices en vie. Remuez vôtre Ris de tems en tems, en y mettant du boüillon. Vôtre Ris étant cuit, de bon goût, & prêt à servir, tirez-en les Ecrevices, & y mettez un bon coulis d'Ecrevices. Vous verrez la maniére de le faire à l'article du pot à Oille au Ris aux Ecrevices. Tirez vos Poulets de la marmite, débardez-les, dressez-les dans votre plat à Potage; mettez vôtre Ris par-

par-dessus, & servez chaudement. Faites une bordure d'Ecrevices autour de vôtre Potage, si vous le jugez à propos; ce n'est pas ce qui rendra vôtre Potage meilleurs; mais c'est toûjours un ornement.

On fait les Potages de chapons, poulardes & dindonneaux au Ris, aux Ecrevices, de la même maniére que celui des Poulets.

Potage de Poulets au Ris.

Vos Poulets étant bien épluchez, blanchis, & troussez, comme ci-dessus; bardez-les, & les ficelez: mettez-les dans la marimite où vous ferez cuire le Ris; prenez la quantité de Ris qu'il faut pour vôtre Potage; épluchez-le bien, & le lavez: Ensuite mettez-le dans la marmite où sont vos Poulets, & le moüillez de bon boüillon pour le faire cuire. Ayez soin de le remuer de tems en tems, & de l'entretenir de boüillon: Quand vos Poulets seront cuits, le Ris le sera aussi: Etant prêt à servir, tirez vos Poulets, dressez-les dans le plat à Potage; observez que vôtre Ris soit de bon goût; mettez-le par-dessus vos Poulets, & servez chaudement.

Vous pouvez faire un bord de pâte autour de vôtre Potage, ou bien le garnir de petits fleurons; quoi qu'on ne se foucie plus des garnitures, vous en ferez ce qu'il vous plaira.

Les Potages de chapon & de poularde au Ris, se font de même que celui des Poulets.

Potage de Profitrolle.

Faites faire huit petits pains de la grosseur d'un œuf, & un pain d'un quarteron de pâte; cha-

chapelez-les bien, & qu'ils soient d'une belle couleur : Faites-y une ouverture dessus, & en ôtez bien toute la mie, & les farcissez d'un hachis de Perdrix. Vous trouverez la maniére de le faire, à l'article du Potage à la Jacobinne. Ensuite, faites mitonner vos pains farcis dans un jus de veau.

Faites cuire à demi une perdrix à la broche, & la pilez dans le mortier. Prenez une livre & demi de roüelle de veau, & un morceau de jambon, que vous coupez par tranches, & en garnissez le fond d'une casserole avec un ognon coupé en deux, avec une carotes aussi coupée en deux : Couvrez la casserole d'un plat, & la mettez suer sur un fourneau à petit feu : Etant attaché comme un jus de veau, poudrez-le tant soit peu d'une pincée de farine ; remuez-le sept à huit tours sur le fourneau, & le moüillez, moitié jus & moitié boüillon, & l'assaisonnez de champignons & de truffes, si vous en avez, avec de la ciboule entiere, du persil, & un peu de basilic. Faites mitonner le tout ensemble pendant une demi-heure, à petit feu : Ensuite, ôtez les tranches de veau, & y délayez la perdrix pilée, passez-le à l'étamine, prenant garde que le coulis ne soit pas trop lié, & le tenez chaudement. Faites mitonner des croûtes, moitié bon boüillon, & moitié jus de veau dans le plat où vous voulez servir le Potage. Dressez dessus proprement vos petits pains. Garnissez la bordure du plat du potage de crêtes, & de ris de veau coupez en long. Observez que le coulis soit d'un bon goût, & leger ; mettez-le sur le Potage, & servez chaudement.

Po-

Potage de Profitrolle au Blanc.

Ce Potage se fait de la même maniére que celui qui est marqué ci-dessus ; excepté qu'au lieu d'un coulis roux, il faut se servir d'un coulis Blanc à la Reine, dont on trouvera la maniére de le faire au Chapitre des Coulis.

Potage de Profitrolle aux Ecrevices.

Il faut farcir vos pains de la même maniére que celle qui est marquée ci-dessus. Faites mitonner des croûtes de pain, avec de bon bouillon ; étant mitonnées, dressez-les dans vôtre plat à Potage, & dressez proprement les petits pains sur vôtre Potage ; Faites une bordure autour du plat d'Ecrevices & de Ris de veau coupez en long. Observez que vôtre coulis d'Ecrevices soit d'un bon goût, & qu'il ne soit point trop lié : mettez-le sur le Potage, & servez chaudement ; vous en pouvez faire de même des Poulets & Poulardes, &c.

Potage de Cailles, Perdreaux ou Pigeons en Profitrolle.

Prenez des Cailles, faites les cuire à la braise. Passez des crêtes, des ris de veau, culs d'artichaux, champignons & truffes, si vous en avez, dans une casserole, avec un peu de lard fondu, & le mouillez d'un jus de veau ; ensuite dégraissez-le bien, & le liez d'un coulis de perdrix, comme il est marqué ci-dessus au Potage de Profitrolle. Tirez les Cailles cuites à la braise, laissezſez-les égoûter, & les mettez enſuite dans le ragoût. Vos pains étant vuidez, mettez-y dans chacun une Caille, avec un peu de ragoût, & les faites mitonner tant-ſoit-peu dans un jus de veau. Faites mitonner des croûtes dans le plat où vous voulez ſervir le Potage, avec moitié jus de veau, & moitié boüillon: Dreſſez proprement vos pains ſur vôtre Potage; garniſſez le tour de vôtre Potage de crêtes & de ris de veau, où bien une bordure de petits champignons. Obſervez que le coulis ſoit d'un bon goût, mettez-les par-deſſus, & ſervez chaudement.

Les Profitrolles de Perdreaux, de Touterelles & de petits Pigeons, ſe font de la même maniére.

Quoique ces Potages de Profitrolles ne ſoient plus guéres en uſage, j'en ai cependant voulu donner ici quelques-uns: Ils peuvent ſervir dans les grands repas.

Autre Potage de Profitrolle.

Formez-le de ſix petits pains, trois farcis avec du jambon, & les trois autres farcis de champignons. Vous garnirez de petits fricandeaux glacez, ou un cordon de crêtes, & un jus de veau lié par-deſſus, & ſervez chaudement.

Potage de Pigeons aux Ognons.

Prenez de gros Pigeons, plumez-les, épluchez-les bien, vuidez-les & les trouſſez proprement: & les faites blanchir, en ne les laiſſant qu'un moment dans l'eau boüillante. Epluchez-les bien, & les empotez dans une marmite avec de bon boüillon, & les mettez cuire. Prenez des petits ognons, coupez-en les deux extremitez, & les faites blanchir: étant blanchis, mettez-les cuire avec vos Pigeons, dans une petite marmite avec du boüillon, & du jus de veau; & les mettez cuire; étant cuits, tirez-les proprement sur un tamis. Prenez un pain à Potage, levez-en les croûtes, & les marquez dans une casserole; moüillez-les avec vôtre boüillon d'ognons, & les faites mitonner. Vôtre Potage étant mitonné, dressez-le dans son plat avec vos Pigeons dessus, & le garnissez d'une bordure d'ognons; achevez de le moüiller avec un peu de boüillon; voyez qu'il soit d'un bon goût, & servez chaudement.

Lorsqu'on veut servir le Potage lié, au lieu de jus de veau, on y met un coulis clair de veau, & de jambon par-dessus.

On fait les Potages de Dindonneaux aux ognons de la même maniére que ci-dessus.

Potage au Parmesan.

Ayez des petits pains, gros comme de moyens ognons, bien chapelez: trempez-les dans un peu de beurre fondu, panez-les de Parmesan rapé; & les mettez au four pour prendre coûleur. Faites mitonner des croûtes avec du boüillon dans le plat que vous voulez servir: étant mitonnées, mettez-y un hachis de Perdrix par-dessus, & le panez de Parmesan rapé, & lui faites prendre une belle coûleur au four. Retirez-le & faites-y une bordure de ces petits pains pour garniture. Il faut avoir un gros pain pané de même, & qui soit rempli de hachis de Perdrix & de Poulets, vous le mettez au milieu du plat, & arrosez vôtre Potage de bon boüillon, & le servez chaudement.

Potage de Perdrix.

Les Perdrix étant plumées, vuidées, trouſſées proprement, & refaites, piquez-les de moyen lard bien aſſaiſonné, & les mettez cuire à demi à la broche; étant à demi cuites, retirez-les & les empotez dans une marmite, avec un paquet de racines, des ognons, de bon boüillon, & les mettez cuire. Faites mitonner des croûtes dans le plat que vous voulez ſervir, ou dans une caſſerole, avec le boüillon où ont cuit les Perdrix, étant mitonné, tirez les Perdrix, & les dreſſez proprement ſur le Potage: voyez que le coulis ſoit d'un bon goût, jettez-le par-deſſus le Potage, & ſervez chaudement; vous trouverez la maniére de le faire, au Chapitre des Coulis.

Potage de Dindon à la Chicorée.

Plumez bien un Dindon, vuidez-le, trouſſez-le proprement, & le faites blanchir: enſuite, eſſuyez-le & l'épluchez bien: envelopez-le d'une grande barde de lard, & le ficelez: puis, empotez-le dans une marmite avec de bon boüillon, & une poignée de Chicorée, coupée en morceaux, & la mettez cuire. Prenez de la Chicorée, & la faites blanchir dans de l'eau boüillante: enſuite, retirez-là, mettez-là dans de l'eau froide; preſſez-là, & en faites un paquet, que vous mettrez cuire avec vôtre Dindon, ou bien dans vôtre mitonnage. Prenez un pain à Potage, levez-en les croûtes, mettez-les dans une caſſerole, & les moüillez avec du boüillon, où a cuit vôtre Dindon, que vous paſ-

passerez & dégraisserez bien. Vôtre Potage étant mitonné, dressez-le dans son plat avec le Dindon dessus; garnissez le bord du plat de vôtre chicorée, que vous y arangerez proprement; mettez un jus de veau par-dessus, & servez chaudement, & de bon goût.

Le Potage de Dindon, au celeri, se fait de la même maniére.

On fait aussi les Potages de Chapons, Poulardes, Poulets à la Chicorée & au céleri, de la même maniére que ci-dessus.

Potage de Chapon aux Huitres.

Prenez un Chapon gras, épluchez-le bien, vuidez-le, & le troussez proprement, les pattes dans le corps, & le faites cuire dans de bon boüillon, où dans vôtre mitonnage; ensuite, tirez un jus de veau lié de cette maniére. Prenez une casserole, & y mettez une livre où une livre & demi de roüelle de veau coupé par tranches, avec quelques tranches de jambon, un ognon coupé en quatre, une carote de même; couvrez vôtre casserole, & la mettez suer tout doucement sur le feu, jusqu'à ce qu'elle s'atache; étant atachée, tirez-en toute la viande, & y mettez un morceau de beurre, avec une petite poignée de farine, selon la quantité de coulis que vous voudrez faire, & lui faites prendre une belle couleur, en le remuant avec une cuiliere de bois; ensuite, moüillez-le de boüillon; étant moüillé suffisamment, remettez-y la viande que vous avez tirée de vôtre casserole, & l'assaisonnez de quelques cloux de girofle, branches de basilic, quelques tranches de citron; ayez soin de le bien dégraisser; observez qu'il soit

ſoit d'un bon goût, & le paſſez dans un tamis de ſoie: enſuite, mettez-le dans une petite marmite, & le tenez chaudement. Ayez de bonnes Huitres à l'écaille, & les faites blanchir; étant blanchies, & bien nettoyées, mettez-les dans vôtre jus de veau lié. Prenez garde que vos Huitres ne boüillent. Prenez un pain à Potage, levez-en les croûtes, & les marquez dans une caſſerole; paſſez du boüillon de vôtre mitonnage, & le déraiſſez bien; étant dégraiſſé, & de bon goût, moüillez vos croûtes avec. & les faites mitonner; étant mitonnées, dreſſez-les dans le plat que vous voulez ſervir, laiſſez égoûter vôtre Chapon, & le dreſſez ſur vôtre Potage. Tirez une partie des Huitres que vous avez miſes dans vôtre jus lié, & en garniſſez les bords de vôtre Potage: enſuite, mettez vôtre jus lié, & le reſtant d'Huitres par-deſſus vôtre Potage, & ſervez chaudement.

Une autre fois, au lieu d'un jus de veau lié, ſervez-vous d'un coulis d'écrevices, ſi vous en avez: vous pouvez auſſi ſervir des croûtes aux Huitres, avec un coulis de la même façon ci-deſſus, en faiſant attacher vos Chapons de pain au fond du plat, pour qu'ils ſe ſoûtiennent bien, & mettant par-deſſus le coulis avec les Huitres.

Croûtes au Coulis d'Ecrevices.

Prenez un pain rond d'une livre; coupez-le en deux & en tirez la mie; mettez-le dans une caſſerole; paſſez deſſus une cuillierée de boüillon du derriére de vôtre marmite, & dreſſez ſur le champ vos Croûtes dans le plat à potage: mettez vôtre plat ſur le feu, & le couvrez d'une caſ-

casserole ronde. Vos Croûtes étant bien attachées, mettez un Coulis d'Ecrevices par-dessus, & servez chaudement. Vous trouverez la maniére de faire ce Coulis au Chapitre des Coulis, & dans plusieurs articles des Potages.

Croûtes au Coulis de Perdrix.

Faites attacher des Croûtes dans un plat, comme il est marqué ci-dessus ; jettez par-dessus vos Croûtes un Coulis de Perdrix, & servez chaudement.

Vous trouverez la maniére de faire ce Coulis, au Chapitre des Coulis.

Croûtes aux Mousserons.

Prenez des Mousserons, passez-les dans une casserole avec un peu de lard fondu, ou beurre, mouillez-les de jus de veau, & les laissez mitonner : étant cuits, dégraissez-les bien, & les liez d'un Coulis de Perdrix, dont vous trouverez la maniére de le faire, au Chapitre des Coulis. Prenez un pain rond à potage d'une livre, & le coupez en deux ; ôtez-en la mie, & le mettez dans une casserole avec une cuillierée du derriére de vôtre boüillon de mitonnage ; dressez-le sur le champ dans vôtre plat à potage, & les faites attacher, en les arrosant de tems en tems, du gras qui en sort ; étant atachées, mettez vos Mousserons par-dessus, & servez chaudement.

Croûtes aux Champignons.

Les Croûtes aux Champignons ſe font de la même maniére que celles aux Mouſſerons.

Vous pouvez les ſervir auſſi avec un coulis à la Reine.

Croûtes aux Truffes.

Prenez des Truffes, pelez-les proprement, coupez-les par tranches, mettez-les dans une caſſerole avec un peu de jus de veau, & les faites mitonner à petit feu: étant cuites, liez-les de coulis de veau, & de jambon: Prenez un pain rond à potage d'une livre, coupez-le en deux & en ôtez la mie; mettez les Croûtes dans une caſſerole, & paſſez par-deſſus une cuillierée à pot du derriere du boüillon de vôtre mitonnage; dreſſez-les ſur le champ dans vôtre plat à potage, ou jatte, arroſez-les de leur boüillon, & les faites atacher: Etant atachées, mettez vos Truffes & le reſte du ragoût par-deſſus, & ſervez chaudement.

Croûtes aux Morilles.

Coupez des Morilles par la moitié, & les lavez dans pluſieurs eaux, pour en ôter le gravier; Etant bien égoûtées, mettez-les dans une Caſſerole avec un peu de lard fondu; étant paſſées, moüillez-les d'un peu de boüillon, mettez-y un bouquet, & les laiſſez mitonner à petit feu. Prenez un pain rond à potage d'une livre, coupez-le en deux, ôtez-en la mie, & mettez les Croûtes dans une caſſerole; paſſez par-dessus une cuillierée du derriére de vôtre boüillon de mitonnage; dressez-les sur le champ dans vôtre plat à potage, & les faites bien attacher en les arrosant de tems en tems. Observez qu'elles se soûtiennent du mieux qu'il vous sera possible; étant bien atachées, arrosez vos Croûtes avec le jus où ont cuit vos Morilles; mettez en même tems vos Morilles par-dessus vos Croûtes, & ensuite un coulis à la Reine, & servez chaudement.

Vous trouverez la maniére de faire ce coulis au Chapitre des Coulis.

Croûtes aux Pointes d'Asperges.

Prenez des Asperges, & n'en coupez que le verd; Faites les blanchir, étant blanchies, mettez-les dans une petite marmite, avec un peu de boüillon, mettez-les cuire, & les liez d'un coulis de veau & de jambon. Prenez un pain rond à potage, d'une livre; coupez-le en deux, ôtez-en la mie, & mettez les Croûtes dans une casserole. Passez par-dessus un cuillierée, du derriére du boüillon de vôtre mitonnage, & les dressez sur le champ dans vôtre plat à potage: observez qu'elles se soûtiennent du mieux qu'il vous sera possible, en les faisant atacher: étant atachées, mettez vos pointes d'Asperges par-dessus, avec leur jus, & servez chaudement.

Croûtes au Parmesan, à la Piémontoise.

Prenez un pain rond à potage d'une livre, qui ne soit point chapelé; coûpez-le en deux, & en ôtez une partie de la mie, mettez-le dans une casserole, & passez une cuillierée à pot du der-

derriere de vôtre boüillon de mitonnage dessus : mettez-les sur le champ dans une tourtière, & les poudrez de Parmesan rapé ; & leur faites prendre coûleurs au four ; ensuite, garnissez le fond de vôtre plat à potage de tranches de mie de pain fort minces, & les poudrez de Parmesan rapé : moüillez-les d'un peu de jus de veau, & les faites gratiner. Vos Croûtes ayant pris belles couleurs, mettez-les dessus, & les faites attacher ; moüillez-les ensuite d'un bon jus de veau, & servez chaudement.

Bain-Marie.

Prenez trois livres de tranches de bœuf ; trois livres de roüelles de veau, & une livre de roüelle de mouton, le tout bien degraissé ; un chapon que vous vuiderez, & une perdrix : prenez un pot de terre de la grandeur qu'il faut pour tenir cette quantité de viande ; faites boüillir le pot de terre, avant que de vous en servir : ensuite, mettez-y les viandes marquées ci-dessus, & assaisonnez les d'un petit ognon piqué de deux cloux, & tant-soit-peu de sel : mettez-y trois chopines d'eau ; fermez le pot de son convercle, & le bouchez bien autour de pâte & de papier collé, de peur qu'il ne sorte aucune fumée : Mettez un chaudron sur le feu, & y faites boüillir de l'eau. Mettez le pot de terre dans le chaudron, & ayez de l'eau toûjours boüillante ; & lorsque celle du chaudron diminuë, revuidez de cette autre eau boüillante dans le chaudron, & l'entretenez toûjours d'eau, & qu'il boüille pendant cinq heures ; après quoi vous l'ôtez & l'ouvrez ; passés le boüillon dans une étamine, ou serviette ; laissez

ſez-le répoſer, & le dégraiſſez bien. L'on s'en ſert pour les Malades, où pour mitonner des Croûtes ; & lorſque vous le voulez faire au ris, il n'y a qu'à remplir le corps du chapon de ris, bien épluché, & le faire de la même maniére qu'il eſt marquz ci-deſſus.

Boüillon du Matin, pour le Déjeuné.

On le fait d'un morceau de bœuf du cimier, d'un bout ſaigneux de mouton, d'un colet de veau, & autres viandes que vous jugerez à propos, avec deux poulets. Vos poulets étant cuitz, vous en pilez les blancs dans le mortier, avec un morceau de mie de pain, trempée dans du Boüillon ; & le tout étant de bon goût, vous le paſſez dans l'étamine pour le mettre ſur vos croûtes mitonnées du même Boüillon que vous avez fait.

On trouvera les Boüillons particuliers des Potages de Santé, & autres, en leur lieu : Voici ſeulement, en faveur des Malades, ce qui peut être de leur uſage à cet égard.

AVERTISSEMENT.

VOici la maniére de faire pluſieurs Boüillons Medecinaux, ſur quoi le Lecteur eſt averti de s'en ſervir qu'autant qu'il en aura beſoin, étant dirigé par un habille Medecin, experimenté dans la connoiſſance des Maladies où ils conviennent d'êtres ordonnez. Je ne donne pas les Boüillons Medecinaux comme étant de ma compoſition ; mais ſeulement comme les ayant faits plu-

plusieurs fois de l'ordonnance des plus sçavans Medecins; je crois que celà ne déplaira pas à ceux qui ne les ont jamais faits, & qui s'y trouverois obligez. Une Ordonnance ne renferme pas toûjours la maniére d'arranger les choses qui entre dans leurs compositions: Je ne prétend pas prendre sur mon compte les effets du mauvais usage qui en pourrons faire ceux, qui n'ayant aucune connoissance des Maladies, où il couvient en êtres ordonné prudemment; ainsi, je me renferme dans les bornes de la Cuisine; je me contente d'enseigner la maniére de les faires: il y en à pourtant plusieurs que l'on peut user sans l'Ordonnance des Medecins, qui sont fort bons pour les Personnes qui sont échauffées, ou pour prevenir les incomodités: ceux a qui je les ai donnez, s'en sont bien trouvé.

Potage dont ce servoit M. le Duc de Boüillon dans ses Maladies.

Mettez dans un pot de terre bien vernissé, ou marmite d'argent, environ six livres de trenches de bœuf, bien dégraissées, trois livres de roüelles de veau, un colet de mouton bien blanchi. Faites écumer le tout; étant écumé, mettez-le devant un feu moderé afin qu'il boüille tout doucement, vous l'assaisonnerez de sel légerement, trois ou quatre ognons, un couple de cloux de girofle, trois ou quatre carotes coupez en quatre, trois à quatre panets de même; la moitié d'une poule, ou une poule entiere; vous aurez soin, lorsqu'il boüillira, d'en tirer la graisse, à mesure qu'il en paroîtra sur le derriere de vôtre pot, & vous le ferez boüillir doucement, parce qu'il aura une couleur d'ambre: observez

que

que vôtre pot ne soit pas trop grand, & que vous n'ayez qu'environ trois pintes de Boüillon du tout. La viande étant cuite, & le Boüillon d'un bon goût, vous le passerez au travers d'un tamis, dans une terrine vernissée, & le tiendrez dans un lieu temperé. Ce Boüillon est fort bon pour des Personnes qui n'ont pas d'âpetit. Vous pouvez vous en servir pour un petit Potage, ou pour des Panades, en mettant un morceau de mie de pain boüillir dedans, avec un blanc de Volaille pillé, passant le tout par une étamine *M. le Duc de Boüillon* se servoit de ce Boüillon, pendant qu'il avoit la Goûte, & qu'il étoit incommodé.

Boüillon d'Ecrevices naturel, pour purifier la Masse du Sang.

Mettez environ une livre de roüelle de véau dans un pot de terre, ou petite marmite, avec une pinte d'eau, plus, si vous voulez prendre le Boüillon leger, où en prendre plus d'un, celà dépend de la fentaisie des Personnes. Vôtre roüelle de veau étant cuite, vous pilerez une demi-douzaine d'Ecrevices envie, dans un mortier de marbre ou de bois: étant bien pilées, vous les metterez dans une casserole avec vôtre Boüillon de veau, & les ferez boüillir un couple de boüillons; ensuite, vous le passerez dans un tamis de soie, & le servirez chaud aux Personnes, prenez garde de le trop saler.

Boüillon de Cresson.

Mettez environ un livre de roüelle de veau dans une petite marmite, avec une ou deux pin-

pintes d'eau, un peu de sel, & le faite bien écumier; ensuite, le laisser boüillir tout doucement, jusqu'à ce qu'il soit reduit à une pinte, vous prenez une bonne jointée de Cresson de riviere, bien proprement lavée, que vous coupez un peu, & ensuite vous le mettez dans vôtre Boüillon, & le faites boüillir trois à quatre boüillons, après quoi, vous le passerez dans un tamis de soie, & le servirez chaudement à la Personne qui soûhaite; une autre fois, vous pouvez piler vôtre Croisson, le Boüillon en sera plus rafraichissant.

Boüillon de Cerfeüil.

Vous n'aurez qu'à faire ce Boüillon comme celui de Cresson, au lieu de Cresson, mettre du Cerfeüil, & un peu de Bourache, celà ne peut être que fort rafraichissant.

Autre Boüillon de Cerfeüil.

Au lieu de le faire boüillir, vous le faites piler, & ensuite, vous en tirez environ un verre de jus, & vous le mettez avec vôtre Boüillon, bien chaud; & observez de ne le point faire boüillir, parce qu'il perdroit son goût, & sa qualité. Il est fort rafraichissant quoi qu'il ne soit pas trop ragoûtant, à cause de sa verdeur, il est excellant pour la masse du sang; on le prend, sur tout, dans le Printems.

Boüillon de Chicorée Sauvage.

Faites vôtre Boüillon avec de la tranche de veau, comme il est marqué ci-devant; vous y met-

metterez une bonne jointée de Chicorée Sauvage, & la ferez boüillir dans le Boüillon; ensuite, vous la passerez dans un tamis de soie, & servez chaudement.

Boüillon d'Escarsonnaire.

Faites-le de même que celui de Chicorée Sauvage; au lieu de Chicorée, prenez une douzaine de pieds d'Escarsonnaire, faites les cuires avec le veau, ce Boüillon est bon pour la poitrine.

Boüillon de Navets pour le Rhume.

Mettez une demi-douzaine de Navets bien épluchez, & coupez par morceaux dans une petite marmite, ou pot de terre, avec deux pintes d'eau, & les reduisez à une pinte; ensuite passé vôtre Boüillon dans un tamis, pressez-y bien vos Navets, & y mettez environ une once & demi de sucre, plus ou moins, selon la quantité, & les faites boüillir trois à quatre boüillons, & les écumez bien, pour tirer la crasse du sucre, & que vôtre Boüillon soit bien clair, & le repassez dans un tamis de soie; il se prend ordinairement le soir, bien chaud, & le matin si l'on veut. Vous pouvez ajoûter à ce Boüillon, une livre de figues cuite avec les navets.

Restaurant, bon pour des Personnes âgées, foibles & épuisées, pour réchauffer le Sang.

Il faut avoir environ deux cent Moineaux bien plumez, & videz, sans les laver; un Gigot de Mouton, du meilleur, & le bien dégraisser, qu'il ne ne reste point de graisse du tout, & le coupez par petits morceaux, avoir un pot de terre bien vernissé en dedans, avec son couvercle, qui joigne bien clos dessus, & y mettez vos Moineaux, le Gigot de Mouton un morceau de veau, & une Perdrix, le tout dedans, avec une petite poignée de bourache; de même, une petite poignée de serfeüil, & une pincée de pinpernelle, le tout bien mêlé ensemble avec la viande dans ledit pot; un gros d'ambre, trois à quatre cloux de girofle, environ un quart d'once de sel; ensuite, couvrez vôtre pot, & le bouchez bien avec de la pâte, ou du mastic, & pliez vôtre pot avec du foin cordé, tout le plus serré que vous pourrez, depuis le bas jusqu'en haut; ensuite, enterrez-le dans du fumier de cheval; & aux côtez, qu'il y en aye trois pieds au tour, pour le moins, & l'y laissé quarante heures; après quoi, vous le retirerez, & passerez vôtre boüillon dans une étamine, ou un linge qui soit propre, & pressez bien les Viandes, afin que la substance en sorte, & puis, le mettez dans un vocal de verre ou de terre, qui soit bien vernissé, & le tenez dans un lieu frais; & quand vous voudrez vous en servir, vous en ferez seulement chauffer la quantité que vous voulez user sur le champs: Celà depend de ceux qui sont incomodez, d'en prendre le matin, le soir, & dans le jour, à l'heure de leur comodité, selon leur apetit: celà est fort rechaufant, plaise à qu'il plaira d'en faire usage; on peut le faire cuire au bain-mari, en mettant le pot dans un chaudron plain d'eau, sur le feu, & une poignée de foin dessous, à celle fin qu'il ne touche point le chaudron.

Boüil-

Boüillon Consommé.

Mettez une éclanche de mouton bien degraissée dans un pot de terre, avec un chapon, une roüelle de veau, une tranche de bœuf, avec une perdrix cuite à la broche, & trois pintes d'eau; & faites-le boüillir à petit feu, jusqu'à ce qu'il soit reduit à la moitié, & le pressez bien en le passant dans un linge ou étamine.

Eau de Veau.

Il faut couper une roüelle de Veau par tranches, & la faire cuire dans un pot de terre plein d'eau, à petit feu; & ayant boüilli, une heure entiére, passez cette Eau dans un linge, ou dans un tamis, sans presser les viandes: Vous pouvez y ajoûter de l'eau d'orge, ou lait d'amandes douces, avec du sucre, pour le rendre encore meilleurs.

Eau de Poulet.

Mettez cuire deux ou trois Poulets dans un pot avec de l'eau, & les faites boüillir deux heures à petit feu; & quand ils seront cuits passez le boüillon par un linge. On peut y ajoûter de la buglose, bourache, chicorée, & autres herbes rafraichissantes, suivant le besoin des Personnes, & l'ordonnance des Medecins: Cette eau purge doucement, & rafraichit.

Eau de Chapon.

Faites cuire à petit feu un Chapon dans un pot

pot de terre, avec trois pintes d'eau; & vôtre Chapon étant cuit, & l'eau diminuée d'une chopine, vous le retirerè sans le presser: cette eau engraisse particulierement, si on met boüillir de bon orge mondé avec le Chapon.

Boüillon, dont les Pauvres peuvent user, au lieu de Boüillon à la viande.

Prenez quatre onces d'orge moulüe, ou d'avoine, qu'on apelle communément, grüau; ou quatre onces de ris batu, & une once de corne de cerf, rapée. Mettez-les dans quatre pintes d'eau Boüillante, & les laissez infuser sur un petit feu, jusqu'à ce que le tout soit bien enflé; ensuite faites-le boüillir jusqu'à une coction parfaite; passez-le par une étamine, avec une forte expression, & y ajoûtez trois onces de miel commun, choisi, bien blanc, que vous écumerez avec soin. On peut encore y mêler une ou deux douzaines d'amandes douces, ou améres, pelées & pilées, & y employer, au lieu de miel, deux onces de sucre, & autant de beurre frais.

On y peut mettre un jaune d'œuf, un peu de muscade rapée, & du poivre, on peut y faire boüillir une pincée d'herbes fines; comme thin, sauge, sariette, & quélques ognons blancs, avec un peu de sel.

Quand les Pauvres manquent de tout, ils peuvent encore faire leurs Boüillons avec une chopine d'eau boüillante, dans laquelle on délaye un ou deux jaunes d'œufs, en y mêlant un peu de miel ou de sucre, avec deux ou trois cuillierées de vin.

Maniére de faire un Potage pour une ou deux Personnes.

Prenez quatre poignées d'herbes potagéres, épluchées, lavées & coupées menu; deux ou trois ognons blancs, coupez par morceaux, & le blanc de quatre porreaux; demi once de beurre frais, ou de lard; quatre cuillierées de farine, ou de ris battu, ou de grüau, ou d'orge mondée; un gros de sel, une pincée de poivre: Faites boüillir le tout dans trois pintes d'eau réduites à trois chopines, pour vous en servir au besoin. Vous pourrez faire de ce boüillon, pour trois ou quatre jours à la fois.

Maniére de faire des Potages à peu de frais pour des Pauvres.

Prenez deux ou trois livres de beurre salé, ou de graisse, ou de lard; faites-les fondre dans une marmite, qui soit de telle grandeur que les herbes la puissent remplir entiérement: jettez poignée à poignée dans cette graisse, ou beurre roussi, & chaud, des herbes potagéres, racines, ou légumes de la saison, & de chaque espéce, comme ozeille, poirée, laitues, serfeüil, chicorées, choux, poreaux, navets, concombres, citroüille, &c. Le tout en quantité proportionnée, & nettoyé, lavé & coupé menu; remuez-les souvent, afin qu'elles cuisent également.

Lorsqu'elles le seront, vous les jetterez dans vingt-quatre pintes d'eau boüillante, soit de fon-

fontaine, soit de riviére, que vous tiendrez prêtes à cet effet, dans un grand chaudron, & où vous aurez mis demi livre de sel au plus, & demi once de poivre en poudre. Faites boüillir le tout ensemble, l'espace d'un quart-d'heure, plus ou moins; & pour lors le Boüillon se trouvera fait.

Si l'on veut faire entrer dans ce Boüillon des pois, ou des féves, ou des nentilles, ris, avoines ou orges mondées, &c. On en prendra un demi boisseau, qu'on fera moudres, après les avoir fait sécher au four. Ces légumes moulues, ou battues dans un mortier, se cuisent en un quart d'heure, comme la boüillie; au lieu qu'il faut beaucoup de tems & de façons pour les faire cuire, lorsqu'elles sont entiéres.

Dans la vuë de relever les Potages, on mêle dans le Boüillon un peu d'ail, de ciboules, ou d'échalotes. Pour le rendre plus nourrissant, on y peut ajoûter deux cœurs de bœuf, ou un foie de bœuf coupé & haché très menu.

Dès que le Boüillon a pris toute la consistance nécessaire, & pendant qu'il est encore tout boüillant, on y jette vingt-cinq livres de pain, coupé par petites moüillettes, grosses comme la moitié du pouce, & non par tranches.

Plus un Potage est chaud, quand on le mange, plus il ranime & fortifie; c'est pourquoi il sera bon, si celà se peut, de faire boüillir le pain avec le Boüillon, l'espace d'un miserere.

Un grand chaudron, enté sur un fourneau, seroit très propre à cet usage. On ne seroit obligé d'y employer, alors, que le tiers du bois qu'on y consomme ordinairement. Si néanmoins on n'a pas cette commodité, rien n'empêche de de faire cette ſorte de boüillon dans une grande marmite, miſe devant le feu, à l'ordinaire.

Diſtribution du Potage ci-deſſus.

Il faut ſe ſervir d'une cuilliére d'un demi-ſeptier ou environ, & en donner trois cuillerées à diner, & trois à ſouper, à chaque Pauvre, au-deſſus de quinze ans. Ce Potage ne reviendra guéres qu'à deux ſols par jour, pour chacun.

Autre Boüillon pour les Pauvres, ou malades, ou en Santé.

Prenez une livre de beurre frais, & à ſon défaut du beurre ſalé: faites-le bien rouſſir dans une poele ou poelon, bien écuré; enſuite, ajoûtez-y une livre de fleur de farine, remuez-les avec une cuilliere de bois, juſqu'à ce que la farine ſoit bien cuite & rouſſe: Après quoi vous la verſerez dans ſeize pintes d'eau boüillante. Vous ferez boüillir le tout enſemble pendant un demi quart d'heure; enſuite, vous l'ôterez du feu, & le garderez dans un pot de grès.

Cette compoſition peut fournir de quoi faire pluſieurs Potages. Si l'on veut n'en faire qu'un ſeul, pour une perſonne avancée en âge, quatre gros de beurre, & autant de farine ſuffiront. Il n'en faudra que la moitié pour un enfant.

On donne de ce boüillon au malade, de trois heures en trois heures, ou de quatre heures en quatre heures, comme d'un boüillon ordinaire.

Pour

Pour les gens en ſanté, on fera boüillir dans les ſeize pintes d'eau, une quantité ſufiſante d'ognons blancs, ou d'autres légumes, racines & herbes potageres marquées ci-deſſus: on les coupera fort menu, pour en faciliter la cuiſſon; on les laiſſera cuire parfaitement, avant que d'y mêler la farine cuite dans le beurre; pour lors, on y ajoûtera un peu de ſel & de poivre.

Avec ce Boüillon, on délaye quelques jaunes d'œufs, ſi on en a le moyen; il eſt aiſé de faire des Potages mitonnez, auxquels on peut joindre un filet de vinaigre, ou quelques cuillierées de vin. Il n'y à point de nourriture plus convenable pour les Pauvres, & pour les Soldats; & on peut même en donner aux enfans, au lieu de boüillie; obſervant néanmoins d'en retrancher le vinaigre. Les Communautez indigentes peuvent s'en ſervir dans le Carême, & pour les jours maigres.

Il faut avoir ſoin de préparer ce Boüillon tous les jours en été, & tous les deux jours ſeulement en hyver. Chaque fois qu'on en voudra donner, on le remuera avec la cuilliere à pot, pour y mêler une boüillie qui ſe dépoſe au fond.

Compoſition de Boüillons & Potages, Maigres.

En général, les Boüillons & les Potages Maigres ſeront faits à l'eau, avec ognons, porreaux, nentilles, herbes, racines, citroüilles & potirons. On fait encore entrer quelquefois dans les Boüillons & Potages, du poiſſon, des grenoüilles, & des écrevices, qu'on peut auſſi apprêter en forme de biſques légéres.

 L'uſa-

L'usage des Potages au lait simples est assez connu. Pour en relever le goût, on y peut ajoûter, outre un peu de sel, de muscade rapée, & quelques amandes améres; une ou deux feuilles de laurier-cerise, & une cuillierée d'eau de fleur-d'orange double.

Lorsque le lait de vache sera contraire au temperamment, ou, lorsqu'il s'aigrira, & qu'il se caillera, il y faudra substituer le lait d'amandes. On n'employera dans les Potages, que du pain de pur froment, & de pâte ferme, tel que celui de gonesse ou autre semblable. Je conseille d'en exclure le pain mollet, d'autant qu'il est trop chargé de levure.

Maniére de faire les Boüillons des Enfans.

Les Boüillons seront faits dans un pot exprès, & au bain-marie, si cela se peut. Ils seront composez d'une livre de tranche de boeuf, d'une livre & demi de roüelle de veau, & de la moitié d'un chapon paillé, ou d'une volaille qui ne soit point trop grasse, avec un ognon blanc, piqué d'un clou de girofle. On fera boüillir le tout à petit feu, dans une suffisante quantité d'eau, jusqu'à ce qu'il soit réduit en gelée de consistence légére; de maniére que le Boüillon ne soit jamais ni trop fort ni trop clair.

On aura soin de n'en point donner aux enfans, qui ne soit fait du même jour, & sur-tout en été: On le gardera dans un pot de grès ou de fayance, en un lieu frais & sec; & avant que de l'employer, on ne manquera pas de le dégraisser.

Le

Le même Boüillon servira à faire les Potages & les Panades, qu'on évitera de faire trop mitonner.

Maniére de faire les Panades pour les Enfans.

On prendra de la mie de pain rassis, qu'on frisera dans une serviette, ou bien de la croûte de pain rapée: On les mêlera dans du boüillon, en sufisante quantité pour faire une Panade, dans laquelle on paurra mêler quelquesfois un jaune d'œuf frais: Les enfans y trouveront plus de goût qu'aux potages ordinaires.

Au lieu de pain, on peut employer de la même maniére le ris battu cuit à l'eau; ensorte, néanmoins, que ces nourritures soient plus claires qu'épaisses.

Pour rendre la Panade plus nourrissante, & pour procurer en même tems la liberté du ventre, s'il est nécessaire, on y ajoûtera, si l'on veut, une cuilllerée de bonne huile d'olive.

Une autre Panade très-convenable aux Enfans, est celle qui se fait avec le grüau de la maniére suivante.

Panade de Grüau.

Prenez une ou deux onces de Grüau d'avoine, & du plus nouveau; car le vieux sentiroit l'aigre: L'avez-le dans plusieurs eaux tiédes, pour en ôter la farine, que vous jetterez à chaque fois; & jusqu'à ce qu'il ne reste que le Grüau pur au fond de la terrine; mettez-le dans un pot de terre, & le faite boüillir à petit feu, dans trois demi septiers d'eau réduit à la moitié: ôtez-le le du feu, & le passez encore chaud par une étamine, avec une forte expression, pour en séparer l'écorce ou le son.

Si la Panade, après cette cuisson, paroît trop épaisse, on y ajoûtera un peu d'eau, & si elle est trop claire, on la fera boüillir encore un moment, ensuite on y ajoûtera un peu de sucre, & une cuillierée de vin blanc.

Une autre nourriture plus simple & moins embarassante, est de délayer deux jaunes d'œufs frais, dans le quart d'une écuelle de bon boüillon, & de les laisser prendre au bain-marie, comme des œufs au lait, sans les remuer pendant qu'ils cuiront : On fera manger ce composé aux enfans, avec quelques moüillettes de pain.

Panade pour les Convalecens, ou ceux qui n'ont point d'appetit.

Mettez une cuillierée de bon Boüillon dans une casserole, & y mettez un morceau de mie de pain blanc, gros comme la moitié d'un œuf; vous le ferez bien mitonner. Vous ferez piller un blanc de chapon, ou de poularde; étant pilé, vous le metterez avec vôtre mie de pain, & le ferez passer à l'étamine; & prenez garde que vôtre Panade ne soit pas trop épaisse ni trop claire.

Maniére de faire les Boüillons Rafraichissans & Medecinaux.

Personne n'ignore que les Boüillons ne sont autre chose que l'expression des viandes, ou des her-

herbes, qui se fait par la cuisson dans l'eau Boüillante : c'est le plus convenable, & presque l'unique aliment dans la fiévre; ainsi que dans les autres maladies qui en sont accompagnées, & qui ne permettent pas des nourritures plus solides. Il y a plusieurs de ces maladies qui exigent qu'on ait recours à des Boüillons particuliers.

Quand on fait choix de la viande qui doit entrer dans le Boüillon, on la fait cuire dans une quantité suffisante d'eau, & dans un pot de terre ou autre : ce doit être devant un feu bien allumé & assez grand, jusqu'à ce que le Boüillon soit écumé, mais plus moderé dans la suite, & également entretenu; observant que la flamme ne s'éleve point jusques au haut du pot.

S'il est nécessaire d'y ajoûter des herbes ou racines, on se souviendra toûjours de les bien laver, après avoir soigneusement épluché les unes, fendu & ratissé les autres.

Dans la cuisson, la quantité d'eau qu'on aura employée, doit être réduite à la moitié ou environ; & pour lors le Boüillon se trouve suffisamment fait.

En le retirant du feu, on le passera, la viande y étant encore mêlée, par une étamine avec expression, ou sans expression, selon la nécessité de le rendre, ou plus fort, ou plus foible.

On le gardera dans un lieu sec & frais, & dans un pot de grais ou de fayance. Toutes les fois qu'il sera besoin d'en donner au Malade : on le fera, s'il est possible, chauffer au bain-marie, & non sur le feu.

Les racines, herbes, fleurs, fruits ou semences, dont on se sert pour les Boüillons rafraichissans, sont les feüilles de bourrache, de buglose, de laitues, de poirée, de pourpier, de cerfeüil, de de pinprenelle, de chicorée blanche, d'ozeille, de pissenlis, de chicorée sauvage, de pulmonaire, de houblon, d'aigremoine, de primevere, de violete, de pervanche, d'orties piquantes, de fumeterre, pointes de sureau, concombres & citroüille.

Quand les Boüillons devront être composez de differentes sortes d'herbes, ou racines, dans une saison où l'on ne pourroit en trouver que très-difficilement, on ne se servira que de celles qui sera le plus facile de recouvrer; mais on en augmentera la dose à proportion de celles qui manqueront.

Au reste, entre un grand nombre de plantes qui peuvent servir dans les Boüillons, on est souvent obligé de distinguer dans l'usage, celles qui sont les plus efficaces contre les indispositions ou maladies, auxquelles il s'agira de remedier.

Boüillon de veau Rafraichissant.

Prenez une demi livre de roüelle de veau coupée par tranches, & un poulet écrasé, avec une poignée de quatre ou cinq sortes seulement de plantes marquées ci-dessus, que vous nettoyerez, laverez & couperez menu: Faites boüillir le tout dans trois chopines d'eau, jusqu'à ce qu'elles se reduisent à trois demi-septiers; retirez-le du feu, passez-le par une étamine, ainsi qu'il a été prescrit plus haut, & le partagez en deux Boüillons.

L'effet le plus ordinaire de ces Boüillons, est d'humecter & de rafraichir. Ils sont très propres dans toutes les indispositions qui viennent de chaleur & de secheresse.

Eau

Eau de Poulet ſimple.

Empliſſez un Poulet, écorché & vuidé de ſes entrailles, d'une once & demi des quatre ſemences froides, mondées, & un peu écraſées; mettez-le dans un pot de terre verniſſé, verſant deſſus trois pintes d'eau de riviére: faites-le boüillir à petit feu, juſqu'à la réduction de deux pintes; & en faites une expreſſion très-legére à travers une étamine bien nette: laiſſez repoſer vôtre eau, & la repaſſez; gardez-là dans un vaiſſeau de terre, pour vous en ſervir au beſoin.

Cette eau de Poulet raffraichit & tempere l'ardeur de la fiévre; c'eſt pourquoi l'on en fait boire aux Fébricitans, entre les Boüillons. Elle convient dans les fiévres ardentes & continuës, dans les inflammations de poulmon, & dans les ardeurs d'urine, aux Malades d'une complexion délicate, & à ceux qui ont la langue fort ſéche.

Boüillon de Poulet pectoral.

Prenez un Poulet que vous vuiderez & écraſerez; mettez dans le corps une once des quatre grandes ſemences froides concaſſées, une demi once d'orge mondée, & autant de ris, & un peu de ſucre royal: faites boüillir, le tout à petit feu, dans trois pintes d'eau réduites à la moitié, & le paſſez par une étamine, avec une légére expreſſion.

Boüil-

Boüillon de Foie de veau, leger & rafraichissant.

Prenez un Foie de veau, des plus frais, après en avoir retranché le fiel, en le cernant tout autour profondément, de l'épaisseur de deux doigts: ajoûtez-y, si vous le voulez, un cœur de veau; coupez-le par tranches, & le lavez; faites-le boüillir à petit feu dans deux pintes d'eau, réduites à la moitié: retitez le tout du feu: passez-le par une étamine sans expression, & le divisez en deux ou trois Boüillons.

Au printems, & en automne; (saisons où les herbes ont le plus de force) on peut, avant que de faire cuire le Foie de veau, le larder de près, avec une grosse lardoire, de quelques plantes, telles que les feüilles de chicorées sauvages, de scolopendre, de cerfeüil, de pimprenelle, de cresson, & autres semblables.

Ces Boüillons sont très-salutaires dans les fiévres continuës, ardentes & malignes; dans les vomissements fréquents, & inveterez; dans les pesanteurs, & foiblesses d'estomac. Ils passent légérement, & sans charger; ils lavent le sang, le rendent plus fluide, & en adoucissent l'acreté.

On en prend un le matin à jeun, & un second quatre heures après avoir diné; ce qu'on doit continuer l'espace d'un mois.

Boüillon au Herbes, humectant & rafraichissant.

Prenez des feüilles d'ozeille, de poirée, de laitue, de pourpier, & de cerfeüil; de chacune deux grosses poignées, épluchées, lavées & coupées menu, avec une croûte de pain, & deux gros de beurre frais: Faites boüillir le tout ensemble dans une pinte d'eau réduites à une chopine; ôtez-le du feu, & le passez par une étamine.

Suposé que le ventre ne soit pas libre, on ajoûtera aux herbes ci-dessus, dès le commencement de la cuisson, deux gros de crême de tartre en poudre subtile.

On doit prendre de ces Boüillons pendant douze ou quinze jours, en se purgeant au commencement, au milieu, & à la fin.

Boüillon d'Ecrevices pour adoucir le sang.

Prenez un Poulet dégraissé, ou une demi livre de roüelle de veau coupée par tranches, avec les pattes, & les queuës de huit Ecrevices, lavées & concassées dans un mortier de marbre: Ajoûtez-y de la laitue, du pourpier, du cerfeüil, & de la chicorée blanche, de chacune une poignée, bien épluchée, lavée & coupée menu; faites boüillir le tout dans trois chopines d'eau réduites à trois demi-septiers: passez-le, étant encore très chaud, à travers l'étamine avec une forte expression, & le partagez en deux Boüillons. Il ne faut point dégraisser ces Boüillons, parce-

que

que ce qui surnage, est le suc de l'Ecrevice, en quoi consiste toute la bonté.

Boüillon de Viperes, pour purifier la Masse du sang.

Prenez un poulet & le dégraissé, de la pimprenelle, de la chicorée, du cerfeüil, & de la laitue, de chacune une poignée, bien épluchées, lavées & coupées menus; ajoûtez-y une vipere écorchez en vie, que vous couperez par morceaux; après lui avoit ôté la tête, la queuë, & les entrailles, ne réservant que le corps, le cœur, & le foie; faites boüillir le tout dans trois chopines d'eau réduites à trois demi-septiers: ôtez-le du feu; Passez-le par une étamine, & le partagez en deux Boüillons, pour en prendre un tous les matins à jeun.

On en continuëra l'usage, pendant quinze jours, en se purgeant devant & après la quinzaine: au lieu des herbes rafraîchissantes, on se servira d'un demi gros d'herbes vulneraires de Suisse, assorties, lorsqu'il s'agira de purifier plus puissamment la Masse du Sang.

Boüillon Rouge convenable dans les Maladies où les aperitifs sont indiquez, comme dans celles des Reins, & de la Vessie; & dans les obstructions, selon l'Ordonnance des Medecins.

Prenez des racines de chien-dent, & de fraisier; de pissenlis, de chicorée sauvage, d'aigremoimoine, d'ozeille, & buglose, de chacune une poignée, le tout nettoyé & lavé: brisez ces racines avec le manche d'un coûteau, pour ôter le cœur, & la corde à celles qui en ont: coupez-les ensuite, & les faites boüillir pendant une demi heure dans un coquemar, avec trois pintes d'eau de fontaine; ajoûtez-y feüilles lavées & coupées de houblon, d'aigremoine, de bourrache, de buglose, de pimprenelle, de pissenlis, d'épinars, d'ozeille, de chicorée sauvage, & cultivée, de pourpier, & des cinq capillaires, de chacune une demi poignée: laissez boüillir le tout un quart d'heure, puis retirez le coquemar du feu. Quand le Boüillon sera refroidi, coulez la liqueur par l'étamine, sans l'exprimer; & la gardez dans une bouteille bien bouchée, en un lieu frais, & sec. On prend une demi cuillierée de ce Boüillon le matin à jeun, avec autant de Boüillon au veau, & au poulet sans sel, & au lieu de tisane, le Malade peut user dans la journée de quelques verres de cette décoction aperitive.

Boüillon avec le Poulmon de veau dans les maux de Poitrine.

Prenez un Poulmon de veau des plus frais, coupez par roüelles, & bien lavé dans plusieurs eaux: joignez-y des feüilles de lierre terrestre, de pas-d'asne, de pervanche, de choux rouge, de chacun une demie poignée, deux pommes de renette, ou de calville, pelées & coupées par roüelles: faites boüillir le tout à l'ordinaire, & faites dissoudre dans chaque Boüillon un gros de sucre candi brun. On peut ajoûter au Poulmon

mon de veau, une demi douzaine d'écrevices cuites dans l'eau, & pilées dans un mortier de marbre, après en avoir ôté le boyau. Si les maladies de poitrine sont accompagnées de cours de ventre, & si les Malades ont besoin d'être nourris; on délayera alternativement dans l'un de ces Boüillons, un jaune d'œuf frais; & l'on substituera une livre de tranche de bœuf, à la place du Poulmon de veau.

Il faudra continuer cet usage pendant un mois ou six semaines, en se purgeant selon le besoin.

Les Malades, dont la masse du sang sera fort altérée, mais sans fiévre, n'employeront pour toutes plantes que la fumeterre & le cochlearia, ou les herbes vulneraires de Suisse assorties.

Pour rendre ces Boüillons plus efficaces, on les fera au bain-marie, & on pilera dans un mortier de marbre, les tronçons de la vipere, dont on exprimera fortement le suc, pour le mêler avec le reste. Si l'on ne peut trouver des viperes en vies, on y substituera un gros de leur poudre.

Rien n'est plus utile que ces Boüillons, non-seulement à la suite des apoplexies, & paralisies; mais encore pour guérir les galles, érésipeles, dartres opiniâtres, clous, &c.

Boüillons pour les maux de Têtes opiniâtres.

Prenez une demi livre de roüelle de veau coupée par tranches, feüilles de bétoine, de mélisse, & de pointes de sureau, de chacune une grosse poignée; racines de chicorée sauvage, de pissenlis, de chacune une petite poignée; les

les pattes, & les queuës de huit écrevices lavées, & concassées; faites boüillir le tout dans trois chopines d'eau réduites à trois demi-setiers: ôtez-le du feu, & le passez par une étamine.

Boüillon amer, dans toutes les Maladies d'estomac, dans les vomissements, &c.

Prenez parties égales de summitée, de petite centaurée, d'absinthe, & de mille-pertuis, de fleur de camomille, feüilles de chardon bénit, de camedris, de scolopendre, de veronique: joignez-y de l'écorce d'orange amére, & de la racine de gentiane, le tout séché à l'ombre: coupez-le menu, mêlez-le exactement, & le gardez dans une boëte: lorsqu'il faudra l'employer pour le Boüillon, on en prendra le poids d'un gros, avec une livre de roüelle de veau, ou un poulet écrasé; on fera boüillir le tout ensemble dans trois chopines d'eau, reduites à la moitié. Après l'avoir retiré du feu, on le passera par une étamine sans expression, & on le partagera en deux Boüillons.

On usera de ces boüillons le matin à jeun, & trois ou quatre heures, après avoir diné, pendant quinze jours ou trois semaines; en se purgeant au commencement & à la fin.

Autre Boüillon avec le Poulmon de veau, dans les maux de Poitrines.

Prenez un Poulmon de veau, lavé comme ci-dessus: ajoûtez-y jujubes, sebestes, dattes,

 figues,

figues, raisins de damas, de chacun une demi-once; des cinq capillaires, qui sont l'adianthum, le cetherach, le polythric, la scolopendre, & la polypode, de chacune demi-once, faites boüillir le tout dans trois chopines d'eau réduites à trois demi-setiers; ôtez-le du feu, passez-le par l'étamine avec expression, & le partagez en deux Boüillons.

Boüillon avec le Poulet, dans les maux de Poitrine.

Prenez un Poulet farci d'une douzaine de jujubes, joignez-y pareil nombre de sebestes, avec fleurs de pas-d'asnes, feüilles de pulmonaire, de scolopendre, de bourrache, & de buglose, de chacune une poignée: faites boüillir le tout ensemble dans trois chopines d'eau réduites à la moitié, &c.

On mêle dans ce Boüillon, quand on est prêt à le prendre, vingt grains de sel de souphre.

Boüillon d'Escargots, & de Grenoüilles, dans les Toux seches.

Prenez une douzaines d'Escargots de vigne, & les cuisses de deux douzaines de Grenoüilles, faites-les boüillir quatre ou cinq boüillons pour leur faire jetter leur écume; ensuite, pilez-les dans un mortier de marbre; prenez encore le blanc de quatre porreaux, ou une demi douzaine de navets, bien tendres au couteau, ratissez & coupez menu, avec une petite poignée d'orge mondée: faites boüillir le tout dans une pinte

pinte d'eau réduite à chopine; passez-le sans expression, & le partagez en deux boüillons; à chacun desquels vous ajoûterez, avant que de le prendre, dix à douze grains de saffran en poudre.

On usera de ce Boüillon le matin à jeun, & trois ou quatre heures après avoir soupé; ce que l'on continuëra pendant un mois ou six semaines, en se purgeant selon le besoin.

Boüillon dans les obstructions du Mesentere du Foye, & de la Ratte.

Prenez une livre de roüelle de veau coupée par tranches, racines de patience sauvage, chicorée sauvage, feüilles de cerfeüil, de pimprenelle, d'aigremoine, de scolopendre, & de cresson, de chacune une demi poignée, épluchées, lavées, & coupées menu; ajoûtez-y un gros de rhubarbe concassée; un gros de sel d'absinthe, & une once de limailles de fer, que vous laverez dans l'eau chaude, pour la dégraisser, & que vous enfermerez dans un linge lâchement plié; faites boüillir le tout dans trois chopines d'eau, jusqu'à la réduction de trois demi septiers: ôtez-le du feu; retirez-le, ôtez la limaille: passez le Boüillon par une étamine avec une légére expression, & le partagez en deux Boüillons. On en prend un le matin à jeun, & l'autre trois ou quatre heures après avoir diné, pendant l'espace d'un mois; en se purgeant au commencement, au milieu, & à la fin.

Bouillons dans les Vapeurs.

Prenez des feüilles de mauves, de guimauves,

de bétoines, de mercuriales, d'armoises, & d'ozeilles, de chacune une poignée: le tout épluché, nettoyé, lavé, & coupé menu; faites-le boüillir dans trois chopines d'eau réduites à la moitié, & la partagez en deux Boüillons, que vous prendrez comme les précedents.

Dans le Boüillon du matin, on délayera six grains de castor récément pulverisé; mais celui du soir, doit être sans aucun mélange. On continuera cet usage pendant quinze jours, en se purgeant au commencement; au milieu, & à la fin. Il ne suffit pas, d'avoir indiqué jusqu'ici la maniére de faire les Boüillons les plus necessaires, sur les lieux mêmes où l'on en doit user. L'utilité publique demande qu'on pourvoye encor à cet égard, au besoin de ceux qui se trouvent dans des voyages lointains, & principalement sur mer; dans les armées, & villes assiégées: enfin, dans les lieux affligez de peste, & privez de tout commerce. Il est presque impossible aux uns, & aux autres, de recouvrer les viandes qui leur sont nécessaires pour les Boüillons, lors même qu'ils ne peuvent absolument s'en passer: Ce sera donc pour eux que nous allons donner la composition des Tablettes formées de suc de viande, & propres à faire très proprement des Boüillons, en quelque tems que ce soit, & dans quelque lieu qu'on puisse être.

Grand Boüillon fait de Tablettes, facile à transporter, & à conserver pendant un an, & plus.

Prenez le quart d'un bœuf, un veau entier, ou

ou partie ſeulement, ſelon ſa grandeur ; deux moutons, & deux douzaines de vieilles poules ou de vieux coqs, ou une douzaine de vieux dindons, plumez, vuidez, & écraſez : après que toutes ces viandes auront été bien dégraiſſées, & que vous aurez fait échauder & nettoyer ſéparément les pieds de veau, & de mouton, jettez-les tous dans une grande chaudiére de teinturier ; ajoûtez-y la décoction de douze ou quinze livres de râpures de cornes de cerf, que vous aurez fait boüillir à part, & que vous cuirez, paſſé toute chaude par la preſſe ; puis, verſez ſur le tout la quantité de quatre ſeaux d'eau de fontaine : fermez & couvrez exactement la chaudiere de ſon couvercle, dont vous boucherez les bords avec de la pâte ; chargez-là d'un poids de cinquante à ſoixante livres : faites boüillir les viandes à un feu doux & égal, ſans les écumer, pendant ſix heures & plus même, s'il eſt néceſſaire, c'eſt-à-dire, juſqu'à ce qu'elles ſoient ſufiſamment cuites : ce qui ſe connoîtra quand les os ſe détacheront aiſément. Pour lors, vous en ôterez les plus gros, puis laiſſant toûjours la chaudiére ſur le feu, pour entretenir les viandes dans une très forte chaleur, vous les en retirerez auſſi promptement que faire ſe pourra ; vous les hacherez dans l'inſtant même, & les mettrez immédiatement après, dans une grande preſſe, garnie de plaques de fer chaudes, pour en tirer tout le jus.

Dès que cette operation ſera faite, vous joindrez ces extractions avec le Boüillon chaud, qui ſera reſté dans la chaudiére. Vous paſſerez au plus vîte le tout enſemble, par un gros tamis de crin, pour en ſéparer tout ce qu'il y auroit de grossier: ensuite de quoi, vous le laisserez refroidir, & en ôterez la graisse.

Aussi-tôt après, assaisonnez ce Boüillon dégraissé, avec une mediocre quantité de sel, de poivre blanc, & de clous de girofle; faites-le boüillir encore, en le remuant sans cesse avec une cuilliere de bois, jusqu'à ce qu'étant versé sur une assiette à froid, il se reduise en gelée forte, & en consistence de miel épais, qui deviendra de couleur brune. Otez le tout du feu: laissez-le refroidir à demi, & le versez à l'instant dans des vaisseaux de terre vernissé, ou autres longs & plats, dont la profondeur n'excedera pas celle de trois pouces.

Si-tôt que cette extraction sera tout-à-fait refroidie, vous la metterez secher, soit dans l'étuve, soit dans le four; après, néanmoins, que le pain en aura été tiré: prennant garde, sur tout, qu'elle ne s'y rôtisse, & ne brûle. Elle doit y devenir aussi dure que de la colle forte; ensorte, qu'elle puisse se rompre aisément sous la main, pour en former des tablettes, du poids d'une ou deux onces. On les gardera pour s'en servir au besoin, dans des boûteilles de verre, ou dans des boëtes, ou barils, bien fermez, dans un lieu sec, & frais. Elles sont de bon goût, étant fonduës, & peuvent servir également à faire des Boüillons ordinaires, & des Potages mitonnez.

La maniére de se servir de ces Tablettes, lorsqu'on à besoin d'un Boüillon, est d'en faire fondre dans une chopine d'eau, depuis une once jusqu'à une once & demi, ou deux onces, selon qu'on le veut plus ou moins fort.

Dans les Maladies, on en fera prendre de trois heu-

heures en trois heures, ou de quatre heures en quatre heures.

L'usage qu'on en fera, doit être reglé sur celui qui se fait ordinairement des Boüillons composez avec des viandes fraiches.

Je vous donne la maniére de le faire en grand; vous n'aurez qu'à reduire vos viandes selon la quantité de Tablettes que vous voudrez faire. Si vous voulez avoir des Tablettes qui ayent le goût de navets, vous n'aurez qu'à en mettre cuire avec vos viandes. Si vous voulez qu'elles ayent le goût d'ognon, vous n'aurez qu'à en faire aussi cuire avec le Boüillon. Si vous voulez qu'elles ayent le goût de cerfeüil, vous n'aurez qu'à y en mettre une bonne quantité; elles seront rafraichissantes. Si vous voulez qu'elles ayent le goût de celeri, vous n'aurez qu'à y en mettre; des porreaux de même, &c. Ces qualitez de goût ne peuvent qu'augmenter la bonté du Boüillon, & les Tablettes en sont plus agréables à prendre; celà dépend du goût des Seigneurs qui s'en veulent servir; il y en a qui n'aiment point les herbes; ainsi, vous ne leur donnerez point de celles où il entre des légumes. A l'égard de ceux qui aiment les légumes, & qui voudront avoir un Potage de senté, en courant la poste, ou dans une route où l'on ne trouve point de bon Boüillon, vous prendrez une partie de chaque Tablettes, selon la grandeur du Potage que vous voudrez faire. Ces Tablettes sont d'une grande commodité pour les Personnes qui voyagent.

Si l'on veut faire de ce Boüillon une petite quantité, on a qu'à se regler à une vingtaine de livres de bœuf, veau & coq; sur celà, une demie livre de corne de cerfs, & faire sécher le tout comme l'autre ci-devant.

CHAPITRE II.

Des Boudins.

Boudins Blanc.

Prenez de la chair de blanc de Poulets, Boulardes, où Dindons cuits à la broche, selon la quantité que vous voulez faire; faites hacher vos Blancs de Volailles le plus fin qu'il vous sera possible: mettez-les ensuite dans une casserole avec de la pane de cochon coupée en petits dez, gros comme des petits pois; ensuite, de la mie de pain blanc cuite dans du lait; des jaunes d'œufs crus pour un chapon, il en faut tout au moins six œufs, une chopine de crême boüillante, où vous y aurez mis à boüillir une petite poignée de coriande concassé, & passé au travers du tamis en le mettant dans vôtre composition, & bien detremper le tout; mettez-y trois ou quatre ognons cuits à la braise, hachez bien fins, un peu de persil, fines herbes, & fines épices, assaisonnées de sel & de poivre; goûtez-les avant que de les entonner; entonnez-les ensuite dans des boyaux; étant entonnez, marquez-les avec une ficele de la longueur que vous voulez les avoir: quand on n'a pas de la pane de cochon, on peut ce servir de lard cuit coupé en petit dez; & en place des boyaux, on peut en former avec des crêpines de veau; faites-les cuire dans une casserole avec du lait, quelques ognons en tranches, du basilic, & de coriande concassé & sel; ne les poussez pas trop sur le feu, & qu'il soit moderé, & vous les piquerez avec une épin-

épingle, de crainte que le vent qui est dedans les fassent crever; il ne faut, tout au plus, qu'un quart d'heure pour les faire cuire; étant cuits, tirez-les, & les laissez rafroidir: on les fait griller sur du papier, & on les sert chaudement.

Autre Boudin Blanc.

Prenez quatre livres de roüelle de veau, ôtez-en les paux, les nerfs, & l'haché bien fin; ensuite, le bien pilé, qu'il soit reduit en pâte; ayez, sur trois livres de veau, six boüteilles de lait; faites les boüillir avec une poignée de coriande concassé; ensuite, passez vôtre lait, & y détrampez vôtre veau, & l'assaisonnez de poivre blanc, fin bazilic, le tout modérement. Mettez-y environ trois livres de pâne de cochon coupées en petit dez; cassé une douzaine & demi d'œufs dans une casserole, les bâtez bien & les mêlez avec vôtre composition; ajoûtez-y douze ognons cuits à la braise, bien hachez; mêlez bien le tout ensemble: observez que le goût soit bon, & les entonnerez dedans des boyaux bien propres, les faites blanchir comme les autres ci-devant, & les faites griller de même.

Boudin au Sang.

Vous prendrez de la panne de cochon que vous couperez en petit dez, vous ferez cuire à la cendre ou au four des ognons, le tout bien épluché & haché; vous mettez vôtre apareil dans une casserole, y passant le sang, & y mettant un peu de crême à proportion de la quantité de sang que vous avez, & de Boudin que vous voulez faire, en l'assaisonnant à propor-

 tion,

tion, de poivre, ſel & fines épices, le tout bien mêlé enſemble; enſuite, vous les entonnerez dans les boyaux de la grandeur que vous le jugerez à propos; la cuiſſon de vôtre eau étant boüillante, vous y mettrez vos Boudins, en les remuant de tems en tems, & piquerez, dès-lors que le ſang ne ſort plus, c'eſt une marque qu'ils ſont cuits; tirez-les, & les laiſſez refroidir. Quand vous voudrez vous en ſervir, faites-les griller, & les ſervez le plus chaudement que vous pourrez.

Boudin de Foix gras de Volailles.

Prenez deux livres de Foix gras de Volailles, hachez-les, & les mettez dans une caſſerole, avec autant de panne de cochon coupez en petits dez, aſſaiſonnez-les de ſel, poivre, fines épices, bazilic, tin, perſil, ognons cuits à la braiſe, & bien hachez; mettez la caſſerole ſur le feu, & ayez ſoin de remuer vôtre compoſition: quand cela aura été un peu de tems ſur le feu, vous y ajoûterez une pinte de crême, deux pintes de ſang de cochon; obſervez qu'il ſoit de bon goût, & vous les entonnerez dedans des boyaux, les ferez blanchir à l'eau boüillante, & les piquerez de tems en tems. Quand le ſang ne ſortira plus, c'eſt une marque qu'ils ſont aſſez blanchis, vous les tirerez & les laiſſerez rafroidir; après quoi, les ferez griller, & ſervez-les chaudement.

NB. Si vous pouvez avoir du ſang de volailles, ils ſeront beaucoup plus délicats, ou bien du ſang de veau, & au lieu de pâne, vous pouvez vous ſervir de lard cuit, coupé en petit dez; & au lieu de foix de volailles, vous pouvez vous ſer-

ſervir de foix de veau, le plus gras que vous pourrez trouver, ou de cochon : cette ſorte de Boudin ſe fait auſſi ſans y mettre du ſang.

Andoüilles de Cochon.

Ayez des boyaux de Cochon bien nettoyez, coupez-les de la longueur que vous voulez vos Andoüilles, & enſuite, prenez de la pâne de Cochon en filets, de la chair de Cochon de même, & vous couperez cette viande en gros lardons, de la même longueur, dont vous voulez vos Andoüilles, & vous les formerez ainſi, avec moitié d'un & d'autre, avec ces aſſaiſonnements comme il faut ; après quoi, vous prendrez les chemiſes, les bien nettoyer, & les faire tremper quelques tems dans du vin blanc, pour en ôter le mauvais goût ; vous les couperez de la longueur de vos Andoüilles ; vous les paſſerez proprement dans un autre gros boyaux, pour les en revêtir, & les lier. Quand vous aurez fait vos Andoüilles, il les faut empoter dans une marmite avec de l'eau, des tranches d'ognons, des cloux de girofle, feüilles de lauriers, un peu de panne de Cochon, & vous les ferez cuire doucement, en les écumant bien, y mettant, après que vous les aurez écumez, une pinte de lait ; vous les laiſſerez refroidir dans le même boüillon : vous les tirerez enſuite, & prendrez garde de les rompres. Vous les ferez griller ſur du papier, & les ſervirez chaudement.

Andoüilles de Veau.

Ayez des boyaux de veau, qui ſoient un peu gros, bien lavez, bien propre, & coupez-les

les de la longueur que vous voulez faire vos Andoüilles, ficelez un des bouts, & prenez du lard blanchi, de la tetine de veau blanchie, de la fraise de veau de même, & coupez le tout par petit dez ou roüelles; vous les mettrez dans une casserole, & les assaisonnerez de fines épices, une feüille de laurier, du sel, du poivre, des échalottes hachées, & vous y ajoûterez environ demi setier de crême de lait; vous passerez le tout ensemble sur le fourneau, & tirerez après la casserole en arriére: il y faut mettre quatre ou cinq jaunes d'œufs, un peu de mie de pain; le tout étant bien lié, vous en formerez chaudement vos Andoüilles avec un entonnoir, & vous ficelerez le tout; après quoi, vous les ferez blanchir dans de l'eau, & les empoterez de la même maniére que celles de cochon; on les fait cuire de même. Il faut aussi les laisser refroidir dans leur boüillon. Pour les servir, on les fait griller à petit feu, & on les sert chaudement.

NB. Ces sortes d'Andoüilles se peuvent faire en Eté, quand on est hors du tems des cochons, comme dans les païs où l'on ne tuë pas toute l'année, ainsi qu'on fait à Paris.

Andoüillettes de Veau.

Prenez une noix de Veau, & coupez en filets de toute sa longueur, gros comme le doigt, de jambon de même, du blanc de poularde; de même, mettez le tout dans une casserole, & assaisonnez de sel, poivre, fines herbes, fines épices; prenez des boyaux, & remplissez-les de filets: formez vos Andoüilles de la longueur que vous jugerez à propos; ensuite, prenez une marmite ou braiziére, & la garnissez de bardes de lard,

lard, quelques tranches de veau, arrangez-y vos Andoüilles, & les assaisonnez de bazilic, quelques feüilles de laurier, du sel, poivre, quelques ognons, coupez en tranches, quelques gousses d'ail; achevez de le couvrir de bardes de lard, & mettez-y une demi bouteille de vin blanc; achevez de le couvrir dessus comme dessous, & le mettez cuire, feu dessus & dessous; étant cuites, faites les griller sur une feüille de papier, étant grillée, dressez-les dans un plat pour hors d'œuvre.

CHAPITRE III.

Des Coulis & Jus.

Maniere de faire le Jus.

PRenez un morceau de tranche de bœuf du maigre, & le coupez par tranches, épaiſſes d'un pouce; prenez une caſſerole, & y arrangez vos tranches, & ſelon la quantité de jus que vous voulez faire: on y met du bœuf; mettez-y une couple d'ognons coupez en deux, un couple de carotes coupées en deux; enſuite, couvrez-le & le mettez au feu à ſuer tout doucement, juſqu'à ce qu'il s'attache; étant attaché, comme il faut, moüillez-le de bon boüillon, juſqu'à ce que vous le voyez d'une belle couleur; aſſaiſonnez-le de perſil, ciboule, un brin de bazilic, clous, & le laiſſez aller tout doucement; ayez ſoin de le dégraiſſer: étant comme il faut, paſſez-le, & vous vous en ſervez pour ce que vous aurez beſoin.

Jus de Veau.

Prenez un morceau de tranche de veau, ſelon la quantité de jus que vous voulez faire, & le coupez par tranches, & l'arrangez dans une caſſerole; mettez-y un couple d'ognons coupez par tranches, & quelques morceaux de carotes; couvrezvrez-le & le mettez au feu à ſuer tout doucement, juſqu'à ce qu'il s'attache; prenez garde qu'il ne brûle, & que la couleur ne ſoit pas trop foncée. On ne moüille ce Jus de Veau, ordinairement, que quand le corps de vos boüillons ſont faits; obſervez bien de dégraiſſer vôtre Jus, & l'aſſaiſonnez de perſil, ciboule, clous, un brin de bazilic, & le laiſſez aller tout doucement; étant comme il faut, paſſez-le, & vous en ſervez pour ce que vous aurez beſoin.

Coulis Ordinaire.

Ce Coulis eſt fait de pluſieurs façons, dont j'en donne l'explication; mais la prémiere eſt la meilleure, & la plus en regne, parmi tout ce qu'il y a de bout Officiers: on employe de la viande, ſelon la quantité de Coulis que l'on à beſoin; par exemple, vous donnez une Table de dix à douze couverts, vous ne pouvez pas moins employer, pour vôtre Coulis, qu'un cuiſſeau de veau, & la noix d'un jambon; pour que les choſes ſoient bonnes, prenez une caſſerole, & coupez vôtre cuiſſeau de veau en morceaux, gros comme le poing, & les arrangez dans vôtre caſſerole; & enſuite, des tranches de jambon, la quantité que vous jugerez à propos; un couple de carotes & ognons coupez en deux; allumez un fourneau, & mettez vôtre Coulis deſſus, le couvrez & le faites aller toute doucement dans le commencement: étant prêt de prendre couleur, vous découvrez vôtre caſſerole, & lui faites prendre couleur de tous côtez; mais prenez garde de brûler la viande; ayant pris une belle couleur, un peu foncée, moüillez vôtre Coulis avec le boüillon de vôtre piéce de bœuf, où ou d'autre viande; assaisonnez vôtre Coulis d'un peu de bazilic, quelques clous de girofle, quelques gousses d'ail; prenez un citron & en ôtez la peau, coupez-le par tranches, & le mettez dans vôtre Coulis, & quelques champignons, si vous en avez; prenez une casserole avec un bon morceau de beurre, & la mettez sur un fourneau allumé, tout doucement: vous y mettrez deux ou trois poignées de la meilleure farine, & remuerez avec un cuillier de bois, & lui ferez prendre couleur; ensuite, voyez si le boüillon de vôtre coulis a beaucoup de couleur. Vous ne ferez pas tant collorer vôtre farine, qui ayant prise la couleur, comme vous le jugerez à propos, moüillez-là de vôtre Coulis; ensuite, vuidez-là tout doucement dans vôtre Coulis, en le remüant toûjours avec une cuilliere de bois; ensuite, vous faites boüillir vôtre Coulis tout doucement, & avez soin de le bien dégraisser, & y mettez un couple de verre de vin de champagne, ou d'autre vin, pourveu qu'il soit blanc: ayez soin de tenir vôtre Coulis fort leger, afin de pouvoir bien le dégraisser, & clairifier. Il faut le mettre sur un fourneau qui pousse un peu, & le couvrir d'un couvercle qui joigne bien, ou un grand plat, & le laisser boüillir, sans le découvrir, jusqu'à ce qu'il se répande; vous le laisserez comme cela quelques peu de tems; ensuite, vous le découvrirez, & ôterez tout le gras qu'il y aura autour de vôtre casserole, & ferez nettoyer le couvercle: le couvrez encore une fois, & vous verrez, par ce moyen-là, que vous aurez le plus beau Coulis du monde, pourveu que vous observiez toutes ces regles. Si par hazard vôtre Coulis est trop pâle, & que vous lui vouliez donner une belle couleur, vous n'avez qu'à mettre un un petit morceau de ſucre dans un plat d'argent ou caſſerole, avec une goûte d'eau, le mettez ſur un fourneau, le faites caramêler, & le moüillez avec un peu de boüillon; & enſuite, mettez-le dans vôtre Coulis avec une cuillier à dégraiſſer, juſqu'à ce que vous voyez que vôtre Coulis ſoit d'une belle couleur; ſi elle eſt belle, il n'eſt pas néceſſaire d'y mettre ce caramel. Vôtre Coulis étant comme il faut, tirez la viande, & paſſez vôtre Coulis dans un étamine, où bien un tamis de ſoie, il eſt beaucoup mieux; ce Coulis ſert pour toutes ſortes de ragoûts, ſur des volailles, pâtez & terrines.

Coulis d'un autre Façon.

Prenez une caſſerole, coupez vôtre veau en morceaux, & les arrangez dans vôtre caſſerole avec des tranches de jambon, un couple de carottes, autant d'ognons coupez en deux; couvrez vôtre caſſerole, & la mettez ſur le fourneau alumer tout doucement; étant ſur la fin, quand la viande commence à s'attacher, découvrez vôtre caſſerole, lui faites prendre couleur de tous côtez, & prenez garde qu'il ne brûle: étant comme il faut, moüillez-le de boüillon ſuffiſamment, & aſſaiſonnez de fines herbes, tranchez de citron, quelques gouſſes d'ail, de clous; prenez de la farine, la quantité que vous jugerez à propos, ſelon la quantité de Coulis que vous avez à faire, & la déliez avec du boüillon froid, où bien de l'eau; étant déliez, prenez un tamis de crain, & paſſez cette farine déliez dans vôtre Coulis; remuez-le toûjours, & le faites cuire tout doucement. Si la couleur n'eſt pas aſſez foncée, mettez-y du jus: vôtre Coulis étant bien dégraissé, & comme il faut de bon goût, tirez la viande, & passez vôtre Coulis dans un étamine, & vous en servez pour tout ce que vous jugerez à propos.

Coulis d'une autre Façon.

Coupez vôtre veau par morceaux, & le mettez dans vôtre casserole, avec quelques tranches de jambon, un couple de racines coupées en deux, un couple d'ognons coupez par tranches; couvrez vôtre casserole, & la mettez sur le feu tout doucement : vôtre viande ayant pris une belle couleur, tirez-là de la casserole, mettez-y un bon morceau de beurre, & la remettez sur le feu; prènez un cuillier de bois, détachez bien le gratin de vôtre casserole, & y mettez de la farine, que vous jugerez à propos, selon la quantité de Coulis que vous voulez faire, & la faites cuire jusqu'à ce qu'elle ait prise une belle couleur; & ensuite, moüillez de boüillon, & y remettez la viande que vous en avez tirez, & l'assaisonnez d'un peu de fines herbes, de clous, d'ail, des tranches de citron, & quelques verres de vin de champagne, où autre, pourveu qu'il soit blanc. Laissez-le bien cuire, & le dégraissez bien; étant bien dégraissé, bien cuit, & de bon goût, passez-le à l'étamine, ou bien au tamis de soie, & vous en servez pour toutes sortes d'Entrées.

Autre façon de Coulis.

Vous marquez vôtre Coulis, tout comme les autres; ayant pris couleur, comme j'ai marqué ci-devant; la difference qu'il y a, c'est qu'avant

vant que de moüiller vôtre Coulis, vous y mettez un bon morceau de beurre, & remuez avec une cuillier de bois, & y mettez la farine que vous jugerez à propos, suivant la quantité de Coulis que vous avez à faire, & le moüillerez avec de bon boüillon, & le faites bien cuire, & l'assaisonnez comme les autres ci-devant; étant comme il faut, passez-le, & vous vous en servez une autre fois quand vôtre viande sera attachée, & que vôtre caramel vous paroîtra assez foncé; vous tirerez vôtre viande, & vous y mettrez un bon morceau de beurre. Vous mettrez vôtre casserole sur un fourneau, avec très peu de feu, pour détacher le gratin, & y mettez de la farine la quantité que vous jugerez à propos. Et d'abord que vous verrez que vôtre farine commencera à vouloir écumer, vous la moüillerez & y remettrez vôtre viande, finirez comme ci-devant, & acheverez de le moüiller de jus de veau.

Essence de Jambon.

Elle se fait de differentes façons; je commence par la meilleure selon moi, & la maxime des bons Officiers de cuisine, dont j'espere qu'ils ne trouveront pas mauvais que je l'écrive de cette maniére; prenez une casserole, & y mettez quelques morceaux de veau, selon la quantité d'essence que vous voulez faire; prenez un Jambon, enlevez la peau & la graisse, le coupez par tranches, en le bien apropriant, & le mettez dans vôtre casserole, avec vôtre veau, & un couple de racines coupées en deux, autant d'ognons; couvrez vôtre casserole, & la mettez sur un fourneau tout doucement dans le commencement. Et lors-

lorsque vous verrez que vôtre viande commence à s'attacher ; vous decouvrez vôtre casserole, & vous aurez soin de tourner vos tranches de Jambon, pour qu'elles prennet de la couleur ; ensuite, vous tirez vos tranches de Jambon & de veau. Mettez dans vôtre casserole un morceau de beurre, un peu de farine, & remüez bien, avec une cuillier de bois, & moüillerez sur le champ avec de bon boüillon, qui ne soit pas salé, & y remettrez vôtre viande, vôtre Jambon, & l'assaisonnez de tranches de citron, quelques gousses d'ail, quelques bons verre de vin de champagne, où d'autre vin blanc, pourveu qu'il soit bon, & vous acheverez de lier vôtre essence avec vôtre Coulis ordinaire. Ayez soin qu'il soit bien dégraissé. Etant comme il faut, vous en tirerez toute la viande, le Jambon, & passez vôtre essence dans un tamis de soie ; vous vous en servirez pour toutes sortes de viandes & patisseries chaudes en viandes, ou poisson en gras. Remettez vos tranches de Jambon dans vôtre essence ; elles vous peuvent servir en plusieurs occasions ; elles peuvent aussi servir, coupez en petit dez, pour jetter sur vôtre piéce de bœuf, où sur des culs d'artichaux, en le laissant en tranches ou en filets, pour des poulets, ou poulardes, ou pour ce que l'on jugera à propos : les rognures & parures de vos tranches de Jambon, sont bonnes pour mettre dans vôtre Coulis ordinaire.

Autre Essence de Jambon.

Coupez des tranches de Jambon bien minces, les parez bien proprement, & les arrangez dans une casserole, & y mettez quelques ognons, cou-

couvrez vôtre casserole, alumé un fourneau, & mettez-les dessus, à petit feu, tout doucement; mais prenez garde qu'elles ne brûlent. Quand vos tranches de Jambon auront prises couleurs d'un côté, tournez-les de l'autre; ensuite, vous les tirerez de la casserole, & y mettrez un morceau de beurre, une pincée de farine, & remuez un moment avec une cuillier de bois, moüillez de bon boüillon & de jus, & y remettrez vos tranches de Jambon, quelques gousses d'ail, un verre de vin de champagne, ou autre, pourveu qu'il soit blanc, & quelques champignons. Prenez un citron, en ôtez la peau, & le coupez en tranches, le mettez dans vôtre essence; achevez de la lier avec vôtre Coulis ordinaire, & sur-tout dégraissez bien vôtre essence; tirez vos tranches de Jambon, passez vôtre essence dans vôtre tamis de soie, & y remettez vos tranches de Jambon. Si vous voulez, elles peuvent vous servir à beaucoup de choses, comme pour mettre sur des artichaux, sur des poulets, pour entremêts, en mettant un croûton de pain au fond du plat, & vos tranches de Jambon par-dessus.

Coulis à l'Italienne.

Prenez une casserole, y mettez une demi cuillier à pot de Coulis, autant d'essence, une demi cuillier de jus, une demi cuillier de boüillon, trois ou quatre ognons coupez en tranches, quatre ou cinq gousses d'ail, une pincée de coriande, concassé; ôtez la peau d'un citron, le coupez en tranches, & le mettez dans vôtre sausse à l'Italienne, un peu de bazilic, quelques champignons, si vous en avez, & de bonne huile, mettez le tout sur le feu, le faites boüillir un bon quart d'heure, & le dégraissez bien : observez qu'il soit de bon goût. Vous vous en servez pour toutes sortes de viandes, poissons, & sur-tout, pour du poisson piqué & glacé, pour des poulets, pour des poulardes, pigeons, cailles, sarcelles; en un mot, elle est bonne pour toutes sortes de volailles.

Coulis d'Ecrévices.

Prenez de moyennes Ecrévices, & les mettez au feu, assaisonnées de sel, de poivre, fines herbes, ognons coupez en tranches; étant cuites, tirez-les, les épluchez, & gardez les queues, après les avoir écaillées; ensuite, les coquilles pilées dans un mortier, le plus qu'il vous sera possible, & ne sauroient l'être trop pour faire vôtre Coulis beau. Prenez un morceau de veau, gros comme le poing, avec un peu de jambon, un ognon coupez en quartier; mettez-le à suer tout doucement, étant tant-soit-peu attachez, poudrez-le d'un peu de farine; moüillez-le de boüillon, mettez-y quelques clous de girofle, branche de bazilic, quelques champignons, & un citron pelé, coupez par tranches; étant cuit, dégraissez-le bien : observé qu'il soit de bon goût; ensuite, tirez la viande avec une écumoire, & achevez de le lier d'une petite cuillier d'essence; après quoi, mettez-y vos Ecrévices, & les passassez à l'étamine; celà étant fait, mettez-les dans ce que vous jugerez à propos, & vous en servez pour toutes sortes d'Entrées au Coulis d'Ecrévices.

Coulis d'Ecrévices d'une autre façon pour les Potages.

Faites cuire vos Ecrévices, étant cuites, épluchez-les, faites piler les coquilles, marquez un Coulis, prenez un morceau de veau & le coupez par tranches, marquez-les dans une casserole avec quelques tranches de jambon, deux ou trois ognons, quelques morceaux de carote, mettez-là sur le feu, faites qu'elle aille doucement; étant un peu attaché, moüillez-là de bon boüillon, & y mettez un morceau de mie de pain de potage. Vos Ecrévices étant pilez, tirez la viande dedans vôtre Coulis, & les racines, & les dégraissez; observez qu'il soit d'un bon goût, & y mettez vos Ecrévices pilez, & les passez à l'étamine, & les mettrez dans une petite marmite; épluchez vos culs d'Ecrévices, & les mettez dans vôtre Coulis, & les tenez chaudement: ce Coulis peut vous servir pour toutes sortes de Potages au Coulis d'Ecrévices, au ris aux croûtes.

Autre Coulis d'Ecrévices à demi-roux pour des Potages.

Prenez des Ecrévices, les faites laver & cuire; étant cuites, épluchez-les, & les faites piler, autant qu'il vous sera possible; ensuite, prenez un morceau de veau, coupez-le en tranches, mettez-le dans une casserole, avec une tranches de jambon, ognons, quelques morceaux de carotes; ensuite, mettez-le suer: étant un peu attaché, moüillez-le de bon boüillon, & un peu de jus de veau,

veau, assaisonnez-le de quelques champignons, tranches de citron, sans écorces, clous, & fines herbes; étant cuit, tirez vôtre viande dedans la casserole, & y mettez une cuillierée de vôtre Coulis, observez qu'il soit de bon goût, & bien dégraissez; mettez-y vos coquilles d'Ecrévices pilées, & le repassez à l'étamine; mettez-le dans une petite marmite avec les culs de vos Ecrévices épluchez, & le tenez chaudement; ce Coulis peut vous servir pour toutes sortes de Potages à demi-roux.

Coulis blanc à la Reine.

Prenez un morceau de veau, & le coupez en petits morceaux, avec quelques tranches de jambon, deux ognons coupez en quatre, & le mouillez sur le champ de boüillon, assaisonné de champignons, un bouquet fait de persil, ciboule, deux ou trois clous de girofle, & le laissez cuire, étant cuit, tirez toutes vos viandes & racines avec l'écumoir, & y mettez un morceau de mie de pain bien blanc, & la laissez mitonner; prenez le blanc d'une poularde, où d'un couple de poulets, & les pilez dans le mortier: étant bien pilez, delayez-les dans vôtre Coulis blanc; observez qu'il ne boüille pas, & que vôtre Coulis soit bien blanc; s'il ne l'est pas, comme il faut, faites piler une ou deux douzaines d'amandes douces pelées, & les déliez dans vôtre Coulis: observez qu'il soit de bon goût, & le passé à l'étamine; ensuite, mettez-le dans une petite marmite, & le tenez chaudement. Vous vous en servez pour toutes sortes de potages au blanc, & pour des croûtes bisqués.

Coulis verd aux petits Pois.

Prenez des petits Pois, & les faites cuire au sec; prenez une poignée de persil, une poignée d'épinars, une poignée de verds de ciboulle; faites blanchir le tout à l'eau boüillante; ensuite, mettez-le dans de l'eau fraiche, tirez-le, & le pressez bien; après cela, faites-le piler; prenez une casserole, & y marquez un morceau de veau coupez en dez, & quelques tranches de jambon, de même un ognon coupez en morceaux; mettez-le sur un fourneau suer tout doucement; étant un peu attaché, moüillez-le de vôtre boüillon de mitonnage, laissez-le mitonner tout doucement; mettez-y une poignée de persil verd, de ciboulle, trois cloux de girofle, une branche de sariette; étant cuit, observez qu'il soit de bon goût, tirez les viandes & les racines; ensuite, vous faites piler vos Pois, & vous les déliez dans vôtre Coulis; après quoi, vôtre verd, & une cuillierée de Coulis, passez à l'étamine. Ce Coulis vous peut servir pour toutes sortes de Terrines, aux petits Pois, des cannetons en pierres vertes, & pour toutes sortes de Mets qui concernent le verd. Et faites cuire des petits Pois à part, ou des concombres en petits dez, dans la saison; étant cuits, mettez-les dans vôtre purée.

Coulis verd pour des Potages.

Prenez des pois, & les faites cuires dans une petite marmite, avec de bon boüillon; ensuite, prenez un morceau de veau, un morceau de jambon, avec un ognon, coupez le tout en gros dez, & le mettez dans une casserole sur le feu suer tout doucement; étant un peu attachez, moüillez-le de boüillon de vôtre mitonnnage assaisonné, laissez-le mitonner tout lentement, prenez du persil, du verd de ciboule & des épinars, de chaques une poignée; après être épluchez & lavez, faites-le blanchir à l'eau boüillante; étant blanchi, pressez-le bien, & le pilez; ensuite, levez-le du mortier, & faites piler vos pois. Vos viandes étant cuites, tirez-les du Coulis avec l'écumoire; degraissez bien vôtre Coulis: observez qu'il soit de bon goût, & y déliez vos pois; ensuite, vôtre verd de ciboule, & le passez à l'étamine; le Coulis vous peut servir pour toutes sortes de Potages verds & croûtes.

Coulis de Pois verds.

Prenez de gros Pois, une poignée de persil, du verd de ciboule, & mettez le tout suer tout doucement, avec un bon morceau de beurre; prenez un morceau de veau, le coupez en tranches, avec quelques tranches de jambon; mettez-les dans une casserole, avec un ognon coupez en quatre, & le mettez au feu suer tout doucement; étant un peu attaché, moüillez-le de vôtre boüillon de mitonnage, & l'assaisonnez de persil, verd ciboules, cloûs, une branche de sariette: observez qu'il soit de bon goût; vos Pois étant cuits, faites-les piler, étant pilez, tirez vos viandes de la casserole, & y déliez vos Pois, & les passez à l'étamine; étant passez, mettez-les dans une petite marmite, les tenez chaudement, & vous vous en servez pour mettre sur vos potages verts, & croûtes; vous faites cuire une poignée de petit Pois à part, de de bon goût, & les mettez dans vôtre Coulis verd.

Coulis de Perdrix.

Faites piler des Perdrix roties, ou des carcasses; prenez un morceau de veau, coupez-le par tranches, avec un peu de jambon; mettez-le dans une casserole avec ognons, & une carote coupée par morceaux; mettez-le suer sur le feu, jusqu'à ce qu'il s'attache; ensuite, moüillez-le de bon boüillon, & du jus, assaisonnez d'une tranche de citron, un peu de bazilic, champignons, si vous en avez, & faites-le mitonner tout doucement. Vos viandes étant cuites, tirez-les, ensuite, dégraissez-le bien : observez qu'il soit de bon goût, & y déliez vos Perdrix avec une cuillier d'autre Coulis; passez-le à l'étamine, le mettez dans une petite marmite, & vous vous en servez pour des potages de marrons, de cardes, potage glacé, pour potage à la jacobinne, & pour des entrées, en le tenant plus épais.

Coulis de Nentilles.

Prenez des Nentilles, les épluchez & les lavez; ensuite, mettez-les dans une petite marmite avec de bon boüillon, un oghon, un morceau de petit lard coupez en façon, pour garnir vôtre potage, & les mettez cuire doucement; prenez un morceau de veau, un morceau de jambon, le coupez dans une casserole avec un ognon, & le mettez sur le feu suer tout doucement, jusqu'à ce qu'il s'attache; ensuite, moüillez-le du boüillon de vôtre mitonnage, & du jus; l'assaisonnez de persil, fines her-

herbes, ciboule, deux ou trois gousses d'ail, & le laissez mitonner. Vôtre viande étant cuite, & vôtre Coulis de bon goût, faites piler vos Nentilles, tirez la viande; ensuite, détrempez vos Nentilles dans vôtre Coulis, & le passez à l'étamine: observez qu'il faut garder des Nentilles pour mettre dans vôtre Coulis, afin qu'il marque que c'est un Coulis de Nentilles; ce Coulis peut vous servir pour toutes sortes de potages, qui sont marquez aux croûtes de Nentilles, & pour des terrines, en le tenant un peu plus épais que celle-ci.

Sausse à l'Italienne.

Hachez quelque champignons, persil, ciboules, truffes vertes, si vous en avez: mettez une pincée de chaque chose pour une petite Sausse dans une casserole assaisonnez de sel, poivre, concassé, un couple de gousses d'ail entieres, un verre de vin de champagne, ou du rhin, une trenche de citron, & le jus de la moitié d'un citron, un couple de cuillierées à bouche de bonne huile, & un couple de cuillierées à degraisser de coulis ou essence. Faites boüillir le tout un moment, & en ôter la tranche de citron, & les gousses d'ail: observez qu'elle soit d'un bon goût, & vous en servez pour tout ce que vous jugerez à propos, poissons, ou volailles. Si vous n'avez pas de coulis, ni d'essence, mettez-y un petit morceau de beurre manié, & un peu de jus. Elle peut servir aussi sans être liée, pourveu qu'elle soit d'un bon goût.

Sausse à la Romaine.

Prenez un couple de cuillierées à pot, de bon boüillon, une cuillier de bon jus, ou demi cuillier d'essence de jambon, un verre de vin de champagne, une pincée de coriande, ôtez la peau d'un citron, coupez-là moitié en tranche, un pied de celeri coupez en morceaux, un peu d'estragon, deux gousses d'ail, un peu de bazilic, une feüille de laurier; faites bien boüillir cette Sausse, & qu'elle se reduise à une pleine cuillier à pot; le passez dans une étamine de soie. Ce coulis sert ordinairement pour des poulets, ou pour ce que vous souhaitez: Elle peut aussi servir pour toutes sortes de volailles, pourveu que vous y fassiez attention, que le boüillon soit bon, & qu'il ne soit pas salé. Selon la quantité de Sausse que l'on à besoin, on employe du boüillon. Je ne marque ici que pour une Entrée; reglez-vous là-dessus, pour que vous ne vous trompiez pas.

Autre Sausse à l'Italienne.

Prenez de l'estragon blanchi, le hachez bien menu, deux ciboules de même, du persil également, deux gousses d'ail, quelques champignons & quelques truffes, le tout bien hachez; mettez-le dans une casserole, avec un couple de cuillier à bouches de bonne huile, allumez un fourneau, & y mettez vôtre casserole. Passez le tout sur le feu, & y mettez environ un demi verre de jus, un verre de vin de champagne, trois ou quatre cuilliers à degraisser d'essence de jambon, une pincée de poivre concassé, un jus de citron,

&

& dégraissez cette Sausse le plus qu'il vous sera possible. Elle vous servira pour des poulets, ou poulardes : observez qu'elle ait de la pointe, que le citron domine, & servez-là chaudement.

Sausse en Ravigotte.

Prenez une pincée d'estragon, une de pimpernelle, une de baume, une de persil, & une pincée de vert de ciboule, faites blanchir le tout dans l'eau boüillante ; étant blanchis, mettez-le à l'eau fraiche, tirez-le de l'eau, le pressez bien, hachez-le bien ; étant haché, mettez-le dans une casserole, avec une rocambole écrasée, un peu de jus, un peu de coulis, un jus de citron, du sel, poivre, concassé, un anchois bien haché, & un peu d'huile ; mettez le tout un moment sur le feu : observez qu'elle ait de la pointe. Cette maniére de Sausse vous peut servir pour toutes sortes de viandes ; vous le servez aussi avec le ros, si vous le voulez, en le mettant dans une saussiere.

Sausse en Ravigotte d'une autre façon.

Prenez de toutes les sortes d'herbes, qui sont marquées à la premiére Ravigotte, lavez bien ces herbes, étant lavées, hachez les bien & faites-les piler, & mettez avec dans le mortier, un peu de jus ; mettez-y un couple de rocamboles, une pincée de poivre, & un peu de coulis ; mettez le tout dans une casserole, la faites chauffer, & la passez à l'étamine ; étant passé, mettez-y une cuillierées à bouche d'huile, tenez-là chaudement, & la servez dans une saussiere avec le ros. Vous pouvez aussi la mettre

tre avec des poulets ou poiſſons, ou pour toutes autres ſortes de volailles.

Sauſſe en Ravigotte d'une autre façon.

Prenez toutes les ſortes d'herbes, qui ſont marquées ci-devant; étant épluchées & lavées, faites blanchir le tout; étant blanchis mettez-les dans l'eau fraiche; enſuite, tirez-les, égoûtez, & les preſſez bien, pilez-les dans le mortier; étant bien pilées, mettez-les dans une caſſerole avec du coulis blanc, que l'on apelle coulis à la Reine. Un autre fois, au lieu de coulis, vous y mettez un bon morceau de beurre manié dans la farine, avec une moitié de citron coupez en petit dez, un peu de muſcade, un anchois haché, un peu de boüillon; mettez vôtre caſſerole ſur le feu, & liez vôtre Sauſſe: obſervez qu'elle ſoit de bon goût. Cette Sauſſe vous peut ſervir pour toutes ſortes de volailles.

Sauſſe en Ravigotte d'une autre façon.

Prenez une pincée d'eſtragon, une de baume, & une de perſil, hachez bien le tout le plus fin qu'il vous ſera poſſible, mettez le tout dans une caſſerole, avec un peu de jus & de coulis, faites le boüillir un moment; enſuite, aſſaiſonnez-le de ſel, poivre, un jus de citron, un anchois haché. Vous pouvez vous ſervir de cette Sauſſe pour toutes ſortes de viandes.

Sauſſe en Ravigotte d'une autre façon, à la Bourgeoiſe.

Prenez de toutes ces ſortes de petites herbes, com-

comme il est marqué ci-devant, & les bien achez; mettez-les dans un plat, avec une goûte de boüillon, un bon morceau de beurre, une rocambole écrasée; mettez le plat sur le feu, & le faites un peu boüillir; si vous avez des truffes, vous y en pouvez hacher, & un jus de citron: observez que le sel ne domine pas trop, & vous vous en servez pour toutes sortes de volailles ou poissons. Au lieu de beurre, on peut y mettre de l'huile.

Sausse Douce.

Prenez une petite casserole, y mettez du vinaigre, une feüille de l'aurier, un morceau de canelle en bâton, du sucre, ce qu'il en faut, & le faites boüillir; ayant boüilli, & diminuez à propos, dressez-là dans une saussiere, la passez au travers d'un tamis, & la servez chaudement. Au lieu de vinaigre on se peut servir de vin.

Sausse au Fenoüil & Groseilles vertes.

Prenez du petit Fenoüil, le haché bien menu, mettez-le dans une casserole, avec un morceau de beurre, une pincée de farine, assaisonnez de sel, poivre, muscade; moüillez-le d'un peu d'eau, ou de jus: vôtre Sausse étant liée, jettez-y vos Groseilles blanchies: observez que vôtre Sausse soit d'un bon goût, & vous en servez pour ce que vous jugez à propos. Elle sert ordinairement pour des macreaux

Sausse hachée.

Hachez de l'ognon, des champignons, truffes

ses, si vous en avez, bien fin, des câpres & des anchois; prenez une casserole, mettez-y un morceau de beurre, avec vôtre ognon haché; mettez vôtre casserole sur un fourneau allumé, passez-le deux ou trois tours, mettez y vos champignons, & vos truffes; ensuite, poudrez-le d'une pincée de farine, & les moüillez de bon jus; mettez-y vos câpres & anchois avec un verre de vin blanc, achevez de le lier d'une cuillierée de vôtre coulis: observez qu'elle soit d'un bon goût, & vous en servez pour tout ce qui demande être servi avec une Sausse hachée.

Salipicon.

Prenez des Ris de veau blanchis, coupez-les en petits dez, deux ou trois tranches de jambon, aussi coupez en dez; des champignons, truffes, aussi en dez, quelques filets de volailles cruts, le tout en petits dez, mettez d'abord vôtre jambon à suer dans la casserole; lorsque vôtre jambon aura pris couleur, mettez-y les autres choses, avec une cuillier à pot, de coulis, & une cuillier à pot de jus; faites boüillir le tout doucement: observez qu'il soit d'un bon goût, & servez-vous-en pour tout ce qui est nommé au Salipicon; en y mettant un jus de citron; vous pouvez aussi y mettre des culs d'artichaux en petits dez.

Sausse en Remoulade chaude.

Prenez des ognons, les coupez par tranches; mettez-les dans une casserole avec une ou deux cuillierées à bouche d'huile, passez-les un moment sur le feu, mettez-y du jus, du coulis, un verre de vin blanc, trois ou quatre gousses d'ail, la moitié d'un citron coupez en tranches, un peu de fines herbes, clous, câpres hachez, & persil; observez que le tout soit d'un bon goût, mettez-y une cuillier à degraisser de moutarde, & le passez à l'étamine; étant passez, servez-vous en pour tout ce qui est marqué en remoulade chaude: elle peut servir pour tout.

Sausse en Remoulade d'une autre façon.

Hachez de la ciboule, câpres, anchois, persil, le tout à part sur une assiette, & une petite gousse d'ail, un peu d'échalote; mettez le tout dans une casserole, avec un peu de finis herbes, deux cuillierées à dégraisser, de bonne huile, autant de bonne moutarde, le jus d'un citron, un peu de coulis; ensuite, déliez bien le tout ensemble, & vous en servirez pour toutes sortes de volailles & grillades, comme aussi avec le ros, dans une saussiere.

Poivrade liée.

Prenez une casserole, mettez-y quelques tranches d'ognon, thin, bazilic, une feüille de laurier, deux ou trois gousses d'ail, une cuillierée de jus, une cuillierée de coulis, quelques tranches de citron, & un verre de vinaigre; mettez-le sur un fourneau: observez qu'elle soit d'un bon goût & bien dégraissé, la passez à l'étamine, & la servez avec le ros dans une saussiere. La même sausse servira pour toutes sortes de viandes, qui demandent une Poivrade liée; aussi la pouvez-vous faire sans y mettre du coulis, & elle sert pour le ros.

Sauf-

Sausse à la Carpe.

Foncez une casserole de tranches de veau & de jambon ; ensuite, ayez une Carpe écaillée & coupée en quatre, ou six morceaux, & la mettez dessus vôtre viande avec un couple d'ognons coupez en quatre, une carote de même ; couvrez vôtre casserole, & la mettez sur le feu tout doucement. Quand vous verrez que ces choses s'attacheront au fond, comme un jus de veau, moüillez-les de boüillon, & les assaisonnez de clous, bazilic, citron, gousses d'ail, & un couple de verre de vin de champagne, ou autre. Mettez-y un couple de cuillierées à pot de vôtre coulis ordinaire ; ou bien, faites cuire de la farine, comme pour le coulis, & mettez la quantité necessaire. Vôtre Coulis étant d'un bon goût & d'un bel œil, tirez toute vôtre viande, & passez vôtre coulis dans une étamine, ou tamis de soie. Vous vous servirez de cette Sausse pour tout ce qui sera marqué Sausse à la Carpe. On se sert ordinairement de Carpes laitées, parce qu'on se sert des laitances pour marquer que c'est Sausse à la Carpe. La Sausse au brochet se fait de même, hors qu'on prend des filets de brochet pour marquer que c'est Sausse au brochet. On se sert de cette Sausse pour des poulets, poulardes, & autres.

Sausse aux Câpres.

Prenez de l'essence de jambon, mettez-la dans une casserole avec des Câpres, auxquelles vous donnez trois ou quatre coups de couteau, assaisonnez de poivre & de sel ; voyez qu'elle soit d'un bon goût, & la servez chaudement.

Sausse aux Truffes.

Prenez des Truffes, & les pelez, lavez-les dans de l'au, & les hachez ; étant hachées, mettez-les dans une casserole avec du coulis & jus, & l'assaisonnez de sel, de poivre, & les laissez mitonner à petit feu : voyez que la Sausse soit d'un bon goût, & la servez chaudement. La Sausse aux champignons, & aux mousserons se fait de la même maniére, que la Sausse aux Truffes, marquée ci-dessus.

Sausse aux Ognons.

Prenez du jus de veau, & le mettez dans une casserole, avec un couple d'Ognons, coupez par tranches, assaisonnez de poivre, de sel, & la laissez mitonner à petit feu ; étant mitonnée, passez-là dans un tamis, la mettez dans une saussiére, & la servez chaudement.

Sausse à la Ciboule avec le Ros.

Prenez de la Ciboule, épluchez-là, & la hachez ; passez-là dans une casserole avec tant-soit-peu de lard fondu, assaisonné de poivre, de sel, la moüillez de jus, la laissez cuire un moment, & la liée de coulis ; voyez que la Sausse soit d'un bon goût, qu'elle ait de la pointe, & la servez chaudement avec le Ros.

Sausse au Verjus.

Ecrasez du Verjus dans la saison, & le mettez

tez dans une aſſiete avec du poivre, du ſel, & la ſervez froide, elle peut ce ſervir chaude, en y ajoûtant un peu de jus.

Autre Sauſſe au Verjus.

Le Verjus étant pilé, prenez du coulis clair dans une caſſerole; étant chaud, mettez-y le Verjus; voyez que la Sauſſe ſoit d'un bon goût, & la ſervez chaudement.

Sauſſe aux Mouſſerons nouveaux.

Epluchez des Mouſſerons, les hachez avec un peu de ciboule, & de perſil; prenez une caſſerole, avec tant-ſoit-peu de lard fondu, & la mettez ſur un fourneau allumé; étant paſſée quatre ou cinq tours, moüillez-là de jus, & la laiſſez mitonner à petit feu; dégraiſſez-là bien, & la liez de coulis: Voyez que la Sauſſe ſoit d'un bon goût, & la ſervez chaudement.

Sauſſe au pauvre Homme.

Prenez de la ciboule, épluchez-là bien, & hachez-là bien proprement; étant hachée, mettez-là dans une Sauſſiere avec du poivre, du ſel, de l'eau, & la ſervez froide.

Sauſſe au pauvre Homme à l'Huile.

Hachez un peu de ciboule, de perſil, & la mettez dans une Sauſſiere, avec de l'huile, du poivre, concaſſé & du ſel, on peut y mettre un peu de vinaigre, & la ſervez froide.

Sauſſe à Poivrade.

Mettez du vinaigre dans une caſſerole, avec un peu de jus, un ognon coupé par tranches, une

une tranche de citron, assaisonnée de poivre, & de sel; lorsqu'elle a boüilli, goûtez-là, qu'elle soit d'un bon goût; passez-là au travers d'un tamis, & la servez dans une Saussiere chaudement, avec le ros; elle peut servir pour toutes sortes de viandes qui demandent une poivrade liée.

Sausse Robert.

Prenez des ognons, & les coupez en dez, où en tranches; passez-les dans une casserole avec un peu de beurre, en les remuant toûjours; étant demi roux, égoûtez bien la graisse, poudrez-les de farine, & moüillez-les de jus, & les laissez mitonner à petit feu, les assaisonnez de poivre & de sel; étant cuits, achevez de les lier de coulis; voyez que la Sausse soit d'un bon goût, & y mettez un peu de moutarde, & lui donnez de la pointe, & vous en servez au besoin, pour toutes sortes d'Entrées, & pour toutes sortes de grillades.

Sausse au Jambon.

Coupez trois ou quatre tranches de Jambon, battez-les, & les mettez suer sur un fourneau; étant attachées, poudrez-les d'une pincée de farine, en les remuant toûjours, & les moüillez de jus, & l'assaisonnez de poivre, d'un bouquet, & la laissez mitonner à petit feu; si elle n'est pas assez liée, mettez-y un peu de coulis; voyez que la Sausse soit d'un bon goût, qu'elle ait de la pointe, & la passez au travers d'un tamis, & vous en servez pour toutes sortes de rôts de viandes blanches.

Sausse Verte.

Prenez du bled verd, ou des épinards, & le pilez dans un mortier avec une croûte de pain grillée ; tirez le bled qui est pilé, le mettez dans une étamine, & l'assaisonnez de poivre & de sel, le moüillez d'un peu de jus de veau, & de vinaigre ; étant moüillée & bien passée, servez-là froide, quand vous servirez de l'agneau.

Sausse à l'Angloise pour les Cochons de Lait.

Prenez de la mie de pain bien fine, la quantité que vous jugerez à propos, selon la grandeur de la Sausse que vous voulez faire ; moüillez-là de boüillon, & l'assaisonnez de poivre & de raisins de corinthe : faites-là mitonner, étant mitonnée, servez-là dans une Saussiere. On fait aussi cette Sausse pour des Perdrix, en n'y mettant, ni raisin, ni sucre ; mais seulement du sel & du beurre, avec un ognon piqué de cloux de girofle.

Sausse à l'Espagnolle.

Coupez trois ou quatre tranches de jambon, & environ une livre de veau, coupez le tout par morceaux, & les mettez dans une casserole, avec un couple d'ognons, cinq à six gousses d'ail, & un couple de feüilles de loriers, un demi verre de bonne huile fine ; ensuite, couvrez vôtre casserole, & la mettez sur le feu ; prenez garde qu'elle ne se brûle ; quand le tout aura pris une belle couleur, vous la poudrerez d'un peu de farine, & la moüillerez avec du jus, ou du boüillon, si elle à trop de couleur, & une demi bouteille de vin de champagne, ou tout au moins, une bouteille de bon vin du rhin, & acheverez de la lier avec du coulis, & y mettrez quelques tranches de citron, après que vous en aurez ôté la peau; un peu de bazilic, un peu de thin, cloux de girofles, & poivre concassé; vous aurez le soin de bien dégraisser vôtre Sausse, & de la laisser cuire tout doucement: observez qu'elle soit d'un bon goût, point trop épaisse, & d'un bel œil: & ensuite, vous la passerez au travers d'un tamis de soie. Cette Sausse peut vous servir pour toutes sortes de viandes, ou de poisson, de quelque nature qu'elle soit: cette Sausse peut aussi vous servir à en faire une à l'Italienne, en mettant de la ciboule, échallote & persil, le tout haché finement, un couple de verre de vin blanc de champagne, deux ou trois gousses d'ail entiéres, & une cuillierée à bouche de bonne huille; mettant le tout dans une casserole, avec une cuillierée à pot de vôtre Sausse à l'Espagnolle, & la faire cuire. On y ajoûte aussi des champignons frais, ou des truffes aussi fraîches, le tout haché finement: cette Sausse étant cuite, vous en tirerez les gousses d'ail, observez qu'elle soit d'un bon goût, & la changez de casserole; cette Sausse peut aussi vous servir pour des poulets & pigeons, comme pour toutes sortes de viandes.

CHA-

CHAPITRE IV.

Des Entrées de Terrines, en Gras & en Maigre.

Terrine à la Regence.

VOici la maniére de la faire; prenez un couple de perdrix, un couple de lapins, une becasse, une demi-douzaine de pigeons, une demi-douzaine de cailles, trois ou quatre filets de mouton, un morceau de filet de bœuf, noix de jambon coupé en morceaux, & du petit lard aussi coupé en morceaux, piquez le tout de moyen lard, bien assaisonné, & prenez une Terrine d'une grandeur à y contenir vôtre viande, arrangez-y toutes ces sortes de viandes mêlées: coupez les lapins par morceaux, & laissé le reste entier; étant arrangé, assaisonnez de sel, poivre, fines épices, & tant-soit peu de fines herbes, avec un bouquet: couvrez-là de tranches de veau, & de tranches de jambon; couvrez la Terrine de son convercle, & y mettez une pâte tout autour pour la bien fermer, & la mettez cuire à petit feu sur des cendres chaudes, autour, & dessus, ou bien au four, & y en remettez de tems en tems, & la laisserez cuire cinq à six heures. Faites un ragoût de cette maniére; prenez des ris de veau, & les lavez dans plusieurs eaux, & les faites blanchir: étant

 blan-

blanchis, mettez-les dans de l'eau froide; coupez-les en morceaux, & les mettez sur un plat avec quelques foies gras, des champignons, truffes, mousserons; marquez le tout dans une casserole, & le moüillez de jus, & laissez-le mitonner à petit feu: étant cuit; dans la saison, on y met des pointes d'asperges, & des culs d'artichaux blanchis; dégraissez-le bien, & le liez de coulis. Il faut que le coulis soit un peu ample: La Terrine étant cuite, tirez-là, & l'essuyez proprement; ensuite, ôtez la pâte du tour, & l'ouvrez; ôtez les tranches de veau, & la dégraissé bien: voyez qu'elle soit d'un bon goût, & le ragoût aussi, & qu'il soit chaud, & le jettez dans la Terrine; mettez-là sur un plat, & la servez chaudement. Au lieu de Terrine, vous pouvez faire cuire vos viandes dans une marmite à la braise.

Terrine de Queuës de Mouton aux Marrons.

Prenez des Queuës de Mouton, & les faites blanchir dans de l'eau boüillante; coupez-en les deux bouts; & en faites des paquets à proportion des Queuës que vous avez; garnissez le fond d'une petite marmite de bardes de lard, de tranches de bœuf, & assaisonnez de sel, de poivre, fines épices, & un peu de fines herbes, de l'ognon coupé par tranches; mettez les paquets de Queuës dans la marmite, & les assaisonnez dessus comme dessous, & les couvrez de tranches de bœuf, de veau, & de bardes de lard; moüillez-les de boüillon, ou bien de jus de veau; couvrez la marmite de son couvercle, ele, & la mettez cuire, feu dessous & dessus; pelez des Marrons, & les mettez dans une tourtiere, & la couvrez de son convercle, & les mettez cuire dans une casserole avec du coulis, & jus; & les laissez mitonner à petit feu. Les Queuës de Mouton étant cuites, tirez-les, & les déficelez, & les laissez égoûter; ensuite, dressez-les dans la Terrine; voyez que le ragoût de Marrons soit d'un bon goût, & le mettez dedans, & servez chaudement.

La Terrine de Queuës de Bœuf aux Marrons, se fait de la même maniére que celle des Queuës de Mouton aux Marrons, marquée ci-dessus. Il faut faire cuire les Queuës de Bœuf à la braise de la même maniére.

Terrine de Queuës de Mouton aux Navets.

Faites cuire les Queuës de Mouton à la braise, de la même maniére que ceux de la Terrine aux marrons; ratissez des Navets, & les tournez en façon d'olives, ou les coupez en dez; mettez-les blanchir avec de l'eau; étant blanchis, mettez-les dans une casserole avec du coulis, & du jus, & les laissez mitonner à petit feu. Les Queuës de Mouton étant cuites, tirez-les, deficelez-les, & les laissez égoûter: ensuite, dressez-les dans la Terrine, & voyez que le ragoût de Navets soit d'un bon goût, mettez vos Navets dans la Terrine, & servez chaudement.

La Terrine de Queuës de Bœuf aux Navets, se fait de la même maniére que les Queuës de Mouton aux Navets; il faut toûjours faire cuire les

les Queuës de Bœuf à la braiſe, de même que les Queuës de Mouton.

Terrine de Queuës de Mouton, & du petit Lard aux Choux.

Les Queuës de Mouton étant blanchies, coupez des Choux pommé par la moitié, & les faites blanchir; étant blanchi, mettez-les dans de l'eau froide, & les preſſez bien : Garniſſez le fond d'une petite marmite de bardes de Lard, de tranches de bœuf & de veau, aſſaiſonnez de ſel, poivre, cloux, & un peu de fines herbes, des carotes; enſuite, faites des paquets de vos Queuës de Mouton, ficelez-les, & les arrangez dans la marmite: faites-en de même aux Choux, & les mettez auſſi dans la marmite. Prenez du petit Lard, & en ôtez la levure de deſſus; nettoyez-les proprement, coupez votre Lard par petites tranches ſans le détacher de la coüenne, & les mettez dans la marmite; aſſaiſonnez deſſous comme deſſus, & achevez de couvrir de bardes de Lard, & de tranches de bœuf. On peut y ajoûter des perdrix, & un morceau de jambon; couvrez la marmite de ſon couvercle, & la mettez ſuer, feu deſſus & deſſous; & ayez ſoin d'y en remettre de tems en tems. Le tout étant cuit, tirez de la marmite les Queuës de Mouton, le Chou, & le petit Lard; dreſſez proprement les Queuës de Mouton dans la Terrine, & entre-deux, mettez votre Chou coupé en filets, avec des tranches de petit Lard: Jettez dans la Terrine une eſſence de jambon, & ſervez chaudement. Vous trouverez la maniére de faire l'eſſence de jambon, au Chapitre des Coulis.

On

On fait des Terrines de Queuës d'Agneau de la même maniére que celles des Queuës de Mouton.

Terrine de Queuës de Mouton aux Concombres.

Faites cuire des Queuës de Mouton à la braise; étant cuites, tirez-les, dressez-les dans la Terrine, & y mettez un ragoût de Concombres: observez qu'il soit d'un bon goût, & le servez chaudement; une autre fois, vous pouvez mettre un ragoût de petits pois ou de navets.

Les Terrines de Queuës de Bœuf aux Concombres, se font de la même maniére que les Terrines de Queuës de Mouton marquées ci-dessus. On trouvera la maniére de faire le ragoût de Concombres, au Chapitre des Ragoûts dans les Volumes suivants.

Terrine de Tendrons de Veau aux petits Pois verts, à la Bourgeoise.

Ayant coupé vos Tendrons, lavez-les, & les mettez égoûter sur un tamis; mettez une casserole avec un peu de lard, mettez-y les Tendrons de Veau, & les passez; assaisonnez-les de sel, poivre, un bouquet, quelques ognons: étant passez, mettez-y tant-soit-peu de farine, & moüillez, moitié boüillon, & moitié jus; & les laissez mitonner à petit feu: jettez-y des petits Pois verts, la quantité que vous jugerez à propos, avec vos Tendrons de Veau, & laissez-les bien cuire; étant cuits, dégraissez-les bien, &

& les liez de coulis, ou d'essence de jambon; voyez qu'il soit de bon goût, & les dressez dans vôtre Terrine, & servez chaudement.

Terrine de Tendrons de Veau à la Purée verte, aux Pointes d'Asperges, & aux Cœurs de Laituës.

Après avoir coupé les Tendrons de Veau, mettez-les cuire à la braise, avec du petit lard; prenez une livre de Veau, avec un morceau de jambon, coupez-les par tranches, & les mettez au fond d'une casserole, avec un ognon coupé par tranches, quelques carotes; couvrez la casserole, & la mettez suer sur un fourneau; étant attachez, moüillez-les de boüillon; mettez-y quelques champignons, un couple de ciboules entiéres, un peu de basilic, & du persil, trois à quatre cloux de girofle; laissez mitonner le tout ensemble: prenez des Pois verds, & les mettez dans une casserole avec un peu de lard, ou beurre, une poignée de persil, une poignée de queuës de ciboule; couvrez la casserole, & la mettez cuire sur un fourneau à petit feu; ayez le soin de les remuer de tems en tems, & lorsqu'ils ont jetté toute leur eau, & qu'ils sont cuits, mettez les Pois dans un mortier, & les pilez; étant pilez, tirez-les, ôtez les tranches de Veau & les racines de la casserole, & y mettez les Pois pilez: ensuite, passez-les à l'étamine; observez qu'elle soit bien verte: faites blanchir des cœurs de Laitues, & des pointes d'Asperges: étant blanchies, mettez-les dans de l'eau froide, tirez-les, & les mettez égoûter; ensuite, mettez-les dans une casserole avec un peu de boüillon,

lon, & les mettez mitonner à petit feu: étant cuits retirez-les, tirez les tendrons de Veau, & le petit lard, & les mettez égoûter, dressez-les dans la Terrine, & entre-deux y mettez du petit lard; & y mettez autour les cœurs de Laitues, & les pointes d'Asperges: Voyez que la Purée soit d'un bon goût, & la mettez dessus, & servez chaudement.

La Terrine d'Ailerons à la Purée verte, se fait de la même maniére que celle marquée ci-dessus, celle de Poulets, ou bien de Canards, ou de Pigeons, que celle des Tendrons de Veau marquez ci-dessus.

Terrine de Filets de Mouton aux Concombres.

Piquez les Filets de moyen lard, bien assaisonné, & les mettez cuire à la braise, de la même maniére que les autres entrées à la braise, qui sont marquées ci-devant: les Filets étant cuits, tirez-les & laissez égoûter, & dressez-les dans la Terrine, jettez-y par-dessus un ragoût de Concombres, & servez chaudement. Vouz trouverez la maniére de faire le ragoût de Concombres, au Chapitre des Ragoûts, dans les Volumes suivants.

La Terrine de Filets de Bœuf aux Concombres, se fait de la même maniére que celle des Filets de Mouton aux Concombres, marquée ci-dessus. Vous pouvez les piquer de petit lard, & les glacer, & mettre vôtre ragoût de Concombres dans la Terrine, & les Filets par-dessus.

Ter-

Terrine de Filets de Bœuf à la Sausse hachée.

Prenez un Filet, piquez-le de gros lard bien assaisonné, & de lardons de jambon, & le mettez cuire à la braise; étant cuit, tirez-le, & le laissez égoûter; dressez-le dans la Terrine, & mettez dessus une sausse hachée, & servez chaudement. On trouvera la maniére de faire la Sausse hachée, au Chapitre des Coulis.

La Terrine de Filets de Mouton à la braise, avec une Sausse hachée, se fait de la même maniére que celle des Filets de Bœuf, ci-dessus.

Hochepot.

Prenez le bas bout d'une poitrine de bœuf, & la coupez en morceaux, de deux pouces de long, & de large, & la faites dégorger, & la faites blanchir à l'eau; prenez une marmite, & la garnissez de tranches de bœuf: ensuite, mettez-y vos morceaux de poitrine de bœuf; avec abondance de carotes, & de panets: ensuite; assaisonnez-le de sel, de poivre, d'un bouquet de fines herbes, d'une demi-douzaine d'ognons, d'un morceau de jambon, & d'un servelat, si vous voulez: ensuite, couvrez-là de tranches de bœuf, & la moüillez de boüillon; couvrez vôtre marmite, & la mettez au feu, dessus & dessous; étant cuite, tirez vôtre viande, & les carotes; mettez ensuite vos morceaux de poitrine, & autres viandes dans une casserole, & tournez ensuite vos carotes le plus proprement que vous le pourrez, & les mettez avec vôtre viande;

de : enſuite, paſſez le boüillon où ont cuits vos morceaux de poitrine, & autres viandes ; dégraiſſez-le bien : obſervez qu'il ſoit de bon goût ; s'il y a trop de boüillon, vous le ferez boüillir pour le diminuer ; prenez une caſſerole, & y mettez un morceau de beurre, & la mettez deſſus le feu avec une petite poignée de farine, & remuez-là avec une cuilliere de bois, juſqu'à ce qu'elle ait priſe une belle couleur d'or : enſuite, moüillez-là de vôtre boüillon d'Hochepot ; étant moüillé, ayez ſoin de le bien dégraiſſer : obſervez qu'il ſoit d'un bon goût, & y mettez une bonne pincée de perſil haché, & le mettez pardeſſus vos tendrons de bœuf, & de carotes, tenez le chaudement ; étant prêt à ſervir, dreſſez-le dans une Terrine, & le ſervez chaudement pour Entrée. Vous pouvez le ſervir dans un Plat, également comme dans une Terrine ; vous pouvez y ajoûter auſſi des tendrons de mouton.

Terrine de Poulets aux Concombres.

Prenez des Poulets, abatez-en les ailes, flambez-les, épluchez-les, vuidez-les, & les trouſſez proprement ; faites les piquer moitié gros lard, & moitié jambon ; foncez enſuite une petite marmite de bardes de lard, & de tranches de veau, & y mettez vos Poulets ; aſſaiſonnez-les de ſel, poivre, baſilic, & ognons ; achevez de les couvrir deſſus comme deſſous, & les mettez cuire tout doucement, feu deſſus & deſſous : enſuite, prenez une demi douzaine de Concombres, pelez-les, coupez-les en quatre, & les tournez en olives, & les faites blanchir : étant blanchis, mettez-les dans une caſſerole avec du jus, & du coulis, & ache-

achevez de les faires cuire tout doucement : étant cuits, remettez-y du coulis suffisamment pour ce qu'il en faudra pour vôtre Terrine. Vos Poulets étant cuits, tirez-les, laissez-les égoûter, dressez-les dans vôtre Terrine ; mettez vôtre ragoût de Concombres par-dessus, & servez chaudement pour Entrée. Une autre fois, vous pouvez farcir vos Poulets, si vous le voulez, & les garnir de Concombres farcis : Vous trouverez la maniére de le faire au Chapitre des Ragoûts.

Terrine à la Bavaroise.

Ayez une demi-douzaine de Cailles toutes troussées, quatre moyens Pigeons, deux Lapreaux, prenez les deux cuisses, & les faites piquer de gros lard, prenez le rable, & en abatez la tête & les flanchets, & les faites piquer de petit lard ; ayez une Anguille coupée de la même longueur que les Lapreaux, faites-là larder de même ; prenez une casserole, & la foncé de tranches de veau & de jambon, & y arrangez vos Cailles & vos cuisses de Lapreaux, champignons, truffes, & les assaisonnez de sel, poivre, basilic, ognons, quelques tranches de citron, un couple de verres de vin blanc ; achevez de les couvrir dessus comme dessous : couvrez vôtre casserole, & la mettez cuire, feu dessus & dessous ; étant à moitié cuite, mettez-y vos Pigeons, & quelques ris de veau, & achevez de les faire cuire. Vos Anguilles & Lapreaux étant piquez, mettez une casserole sur le feu avec une boûteille de vin blanc, assaisonnez de sel, cloux, basilic, & ognons coupez en tranches : quand vôtre vin boûillira, vous y met-

trez

trez vos Anguilles pour leur faire faire quelques boüillons ; ensuite, vous les retirez : mettez vos Lapreaux dans une casserole avec quelques tranches de jambon & de veau, & les moüillez de boüillon, un couple d'ognons, & les faites cuire ; étant cuites, tirez-les, & passez leur boüillon dans un tamis de soie, & les remettez dans vôtre casserole, & ensuite sur le feu, & les faites boüillir jusqu'à ce qu'elles se soient reduites en caramel : étant reduites en caramel, mettez-y vos Lapreaux, & vos Anguilles, couvrez vôtre casserole, & la mettez sur des cendres chaudes, afin qu'elles glacent, & que vôtre Anguille acheve de cuire ; tirez vos Cailles & vos Pigeons, vos cuisses de Lapreaux, & les mettez dans une casserole bien proprement ; mettez la casserole, où ils ont cuits, dessus le feu, & la moüillez d'une cuillierée à pot de jus, & une de coulis ; ayez soin de le bien dégraisser : ensuite, passez ce coulis dans un tamis de soie, ou étamine. Observez qu'il soit bien dégraissé, & d'un bon goût ; dressez vos Cailles & Pigeons, ainsi du reste, dans vôtre Terrine, & mettez vôtre coulis par-dessus, jus de citron ; & ensuite, vos Lapreaux & Anguilles en croix par-dessus ; servez chaudement.

Terrine d'Ailerons.

Mettez cuire les Ailerons à la braise ; étant cuis, tirez-les, & les mettez égoûter ; ensuite, dressez-les dans la Terrine, & jettez un ragoût de mousserons, ou de champignons dessus Vous trouverez la maniére de le faire au Chapitre des Ragoûts.

Les Terrines d'Ailerons aux marrons, & aux na-

navets, se font de la même maniére que les Terrines aux queuës de Mouton, aux marrons & aux navets, aux concombres, & aux petits pois de même, marquez ci-devant.

Terrine de Filets de Soles à l'Italienne.

Ayez des Soles selon la grandeur de vôtre Terrine, écaillées, vuidées, lavées & essuyées; poudrez-les de farine, & les faites frires dans de la friture maigre, ou du sain-doux : étant frites, levez-les en Filets, de la grandeur que vous jugerez à propos, & le plus proprement qu'il vous sera possible; mettez-les dans une casserole avec du jus & du coulis, & leur faites faire quelques boüillons pour en tirer la graisse : ensuite, retirez-en toute la sausse; mettez-y d'une bonne essence de jambon & jus, un jus d'orange, ou de citron, pointe d'ail, ou rocambole. Observez que vos Filets soient d'un bon goût, & les dressez dans vôtre Terrine, & servez chaudement. Vous pouvez les servir avec un coulis à l'Italienne en maigre; vous trouverez la maniére de le faire au Chapitre des Coulis Maigres: ou bien une sausse à l'Italienne en Gras, en y mettant quelques Filets de Soles piquez & glacez dessus. On peut les servir aussi avec coulis & queuës d'Ecrevices.

Terrine de Lotes.

Ayez des Lotes, selon la grandeur de vôtre Terrine, limonez-les, & observez qu'elles soient bien blanches, vuidez-les sans détacher le foie du corps; lavez-les, & les essuïez, poudrez-les de farine, & les faites frires dans du beurre rafiné, né, ou ſain-doux: étant frites, mettez-les dans une caſſerole avec un peu de jus & de coulis, & leur faites faire quelques boüillons; retirez-en le jus, & y mettez du coulis, jus, ou une ſauſſe à l'Italienne, ou un coulis d'écrevices: obſervez que le tout ſoit d'un bon goût, & y mettez un jus de citron, le mettez dans vôtre Terrine, & ſervez chaudement. Si vous la ſervez en gras, vous pouvez y mettre quelques Lotes piquées & glacées deſſus; une autre fois, vous les pouvez ſervir coupez en filets, après qu'elles ſont frites, avec une eſſence de jambon, ou une ravigote, avec des Lotes glacées deſſus.

Terrine de Truites.

Ayez des Truites, ſelon la grandeur de vôtre Terrine, écaillez-les, vuidez-les, lavez-les, & coupez-les nageoires, & le bout de la queuës; mettez-les dans une caſſerole avec une bouteille ou deux de vin blanc, un morceau de bon beurre, aſſaiſonnez-les de ſel, poivre, cloux de girofle, ognons, baſilic, feüilles de laurier, & les faites cuivre: étant cuites, tirez-les, égoûtez-les, & les arrangez dans vêtre Terrine avec une ſauſſe à l'Italienne deſſus, ou bien un ragoût de champignons, & laitances de carpes. Une autre fois vous les pouvez tirer en filets, après que vous les aurez fait cuire de même, avec un ragoût de queuës d'écrevices, & coulis d'écrevices.

Autre Terrine de Truites.

Ayez des Truites, la quantité que vous jugerez à propos, & les habillez comme les autres ci-deſſus, un petit ſalpicon dans le corps de vos

Truites : garnissez une casserole de bardes de lard, & y mettez vos Truites, & les assaisonnez de sel, poivre, cloux de girofle, ognons, basilic, laurier, & une bouteille de vin blanc; achevez de les couvrir de bardes de lard, & les moüillez d'une cuillerée de boüillon, ou de jus: faites les cuire tout doucement. Observez qu'elles ne cuisent pas trop, & qu'elles soient fermes: étant cuites, tirez-les, égoûtez-les, & les dressez dans la Terrine, & mettez dessus un ragoût de crêtes, ris de veau, mousserons, truffes, ou bien une essence de jambon, ou sausse à l'Italienne. Une autre fois, vous les pouvez mettre en filets, étant cuites de même avec un coulis d'écrevices, ou une ravigote, & quelques Truites piquées & glacées dessus. Que le tout soit d'un bon goût, d'un bel œil, & servi chaudement dans une Terrine. On peut faire les Terrines de Vives de la même maniere que les Terrines de Truites.

Terrine de Pigeons aux Ecrévices.

Prenez des Pigeons bien épluchez, videz-les, & les troussez proprement; foncez une petite marmite de bardes de lard, arrangez-y vos Pigeons, & les assaisonnez de sel, poivre, basilic, tranches de citron; achevez de les couvrir dessus comme dessous, & les moüillez d'une cuillerée de boüillon; couvrez vôtre marmite, & la mettez au feu, feu dessus & dessous: faites un ragoût de queuës d'Ecrevices, de champignons, de truffes, si vous en avez, & de mousserons; marquez le tout dans une casserole, & le moüillez de jus, laissez-le mitonner à petit feu: étant cuits, tirez les Pigeons de leur braise, & les

les dressez dans la Terrine, achevez de lier vôtre ragoût d'un coulis d'Ecrevices un peu amplement; voyez qu'il soit d'un bon goût, & le mettez dans vôtre Terrine par-dessus vos Pigeons, & servez chaudement. Il faut prendre garde, lorsque vous avez mis le coulis dans le ragoût, qu'il ne boüille point, de peur qu'il ne tourne.

La Terrine de Poulets aux Ecrevices se fait de la même maniére que celle des Pigeons: On peut farcir les Poulets de la même maniére que ceux de la Terrine de Poulets aux Concombres, & les mettre aux Ecrevices comme les Pigeons.

Terrine de Perdrix au Coulis de Nentilles.

Prenez des Perdrix, plumez-les, vuidez-les troussez-les, & les faites refaires; piquez-les de gros lard & de jambon assaisonné, & les mettez cuire à la braise; prenez une livre & demi de veau, & un peu de jambon, coupez le tout par tranches, & en garnissez le fond d'une casserole, avec un ognon coupé par tranches, quelques morceaux de carotes & panets; couvrez la casserole, & la mettez süer sur un fourneau: étant atachez, moüillez-la moitié boüillon & moitié jus; mettez-y quelques champignons, un couple de ciboules entieres, un peu de persil, deux ou trois cloux, & une cuillierée de Coulis; laissez mitonner le tout ensemble; étant bien mitonné, tirez les tranches de veau, & y mettez des Nentilles pilées, que vous aurez eu soin de faire cuire à part. Si vous avez quelques carcasses de Perdrix, pilez-les; étant bien pilées, délayez-les dans le Coulis ou sont les Nentilles; passé le Coulis à l'étamine: étant passé, vuidez-le dans une casserole, & le tenez chaud. Les Perdrix

drix étant cuites, tirez-les de leur braise, & les mettez à égoûter; ensuite, dressez-les dans la Terrine: Voyez que le Coulis soit d'un bon goût, & le jettez sur les Perdrix; servez chaudement.

La Terrine de Canards & de Sarcelles aux Nentilles, se fait de la même maniére que celle de Perdrix au Nentilles marquée ci-dessus.

Terrine de Bécasses.

Les Bécasses étant plumées & troussées, il ne faut point les vuider; faites-les refaire, & les piquez de gros lard bien assaisonné: garnissez le fond d'une petite marmite de bardes de lard, & de tranches de bœuf bien battuës; assaisonnez-les de sel, de poivre, & un bouquet; un ognon coupé par tranches, un peu de carotes, des ciboules entiéres, une feüille de laurier, un peu de basilic; arrangez les Bécasses dans la marmite, l'estomac en dessus, & les assaisonnez dessus de la même maniére que dessous: achevez de les couvrir de tranches de veau, & de bardes de lard; couvrez la marmite de son couvercle, & la mettez cuire, feu dessus & dessous: faites une sausse achée de cette maniére; prenez deux ou trois ciboules, & les hachez: coupez un morceau de jambon en dez; hachez des truffes & champignons; mettez une casserole sur un fourneaux avec un peu de lard fondu, & de jambon coupé en dez, laissez-le un peu roussir; mettez-y la ciboule, les truffes & champignons, passez le tout ensemble, & le moüillé de jus: étant cuit, liez-le de coulis; mettez-y un peu de câpres, & des anchois hachez. Les Bécasses étant cuites; tirez-les de la marmite, & les lais-

laissez égoûter; dressez-les dans la Terrine; voyez que la sausse hachée, soit d'un bon goût, & la mettez dessus les Bécasses; servez chaudement.

La Terrine de Bécassines se fait de la même maniére que celle des Bécasses marquée cidessus.

Terrine de Liévres & Lévreaux.

Dépoüillez un Liévre, levez-en la peau, & levez-en les filets, piquez-les d'un moyen lard bien assaisonné; mettez deux ou trois bardes de lard au fond d'une marmite, quelques tranches de jambon assaisonné de sel, de poivre, & de fines épices; arrangez les filets de Liévres dans la casserole, assaisonnez-les dessus comme dessous; mettez-y quelques truffes vertes, & quelques champignons; couvrez les filets de tranches de bœuf bien batuës, avec quelques bardes de lard: couvrez la casserole de son convercle, & y mettez de la pâte autour, & la mettez cuire feu dessous & dessus; prenant garde que le feu ne soit point trop vif: étant cuites, découvrez-là, tirez-en les filets, passez leur nourriture, & la dégraissé bien. Voyez qu'elle soit d'un bon goût, & la liez avec vôtre coulis: arrangez vos filets dans vôtre Terrine avec vôtre ragoût par-dssus; servez chaudement.

La Terrine de Lévreaux se fait de la même maniére.

Terrine de Lapreaux.

Dépoüillez les Lapreaux, & les vuidez, gardez les foies, & faites refaire vos Lapreaux,

& les coupez en trois; piquez-les de moyen lard assaisonné, & les mettez dans une casserole, de la même maniére que les filets de Liévres, & l'assaisonné, & la couvrez de même; mettez-là cuire: étant cuite, tirez-en vos filets; passez leur mourriture; arrangez les filets de Lapreaux dans la Terrine, faites un coulis des foies de la même maniére que celui de pâté de Lapin. Vous trouverez la maniére de le faire au Chapitre des coulis: voyez que le coulis soit d'un bon goût, & le jettez dans la Terrine; servez chaudement.

Terrine de Saumon.

Coupez des tranches de Saumon d'un pouce d'épais, mettez-les dans une casserole, & des ognons coupez en tranches, & les assaisonnez de sel, poivre, d'un peu de fines épices, d'un bouquet; assaisonnez dessus de la même maniére que dessous; mettez deux verres de vin blanc, & du beurre dessus; couvrez la casserole, & la mettez cuire, feu dessous & dessus: étant cuite, tirez vos tranches de Saumon, & les dressez dans vôtre Terrine; passez leur nourriture, & mêlez, avec un coulis d'écrevices, & quelques queuës d'écrévices, en la place du coulis d'écrevices; vous pouvez vous servir d'un coulis de carpes, & servez chaudement. Vous trouverez la maniére de faire le ragoût d'écrevices au Chapitre des Coulis.

La Terrine de Truites, se fait de la même maniére, que celle de Saumon marqué ci-dessus.

Terrine de Saumon en Gras.

Coupez des tranches de Saumon, garnissez le fond

fond de vôtre casserole de tranches de veau, & de tranches de jambon; arrangez les tranches de Saumon dans vôtre casserole, & les assaisonnez de sel, poivre, fines herbes, & fines épices, couvrez-les de tranches de veau, & de jambon; & une demi bouteille de vin blanc; couvrez la casserole de son couvercle, & la mettez cuire, feu dessus & dessous: étant cuite, tirez vos tranches de Saumon, & les dressez dans vôtre Terrine, passez leur nourriture, & achevez de la lier avec un coulis de veau, servez chaudement pour Entrée.

La Terrine de Vives se fait de la même maniére que celle de tranches de Saumon: celle de Truites de même.

Terrine de Brochets & d'Anguilles en Maigre.

Prenez un Brochet, vuidez-le & l'écaillez; ayez aussi une Anguille dépouillée; coupez le Brochet en quatre, & l'Anguille à proportion; frotez la Terrine de beurre frais, & assaisonnez de sel, poivre, fines épices; arrangez les morceaux de Brochet & d'Anguille, mêlez dans la Terrine; mettez un bouquet dans le milieu, assaisonnez dessus comme dessous; mettez-y un demi verre de Vin de Champagne, ou de Vin blanc, & du beurre frais dessus: couvrez la Terrine de son convercle, & l'empâtez autour, & la mettez cuire à petit feu: étant cuite, découvrez-là, ôtez le bouquet, & la dégraissez bien. Voyez qu'elle soit d'un bon goût; mettez dedans un ragoût de laitances; servez chaudement. Vous pouvez les faires cuire dans une casserole, également comme dans une

une Terrine; vous pouvez aussi les lier de coulis maigre, ou bien avec un morceau de beurre manié dans la farine, & les dresser dans vôtre Terrine. Vous trouverez la maniére de faire ce ragoût au Chapitre des Ragoûts.

Les Terrines de Perches & de Tanches farcies, se font de la même maniére que celles de Brochet & d'Anguilles marquées ci-dessus.

Terrine de Soles.

Prenez des Soles, vuidez-les, & les ratissez; coupez-en la tête & la queuës, & les coupez par grands filets; assaisonnez de sel, de poivre, tant-soit-peu de fines épices; arrangez les filets de Soles dans une casserole, assaisonnez dessus comme dessous; mettez-y du beurre frais, couvrez la casserole de son couvercle, & la mettez cuire à petit feu: étant cuite, decouvrez-là, & la degraissez bien, & mettez-y dedans un ragoût de mousserons, ou de truffes vertes: voyez qu'il soit d'un bon goût, & qu'il ait de la pointe; dressez dans vôtre Terrine, & servez chaudement.

Les Terrines de filets de Turbot, ou bien de Barbuës, se font de la même maniére que la Terrine de filets de Soles.

La Terrine de Rougets se fait aussi de la même maniére; il faut couper la tête des Rougets. On trouvera la maniére de faire ces Ragoûts au Chapitre des Ragoûts maigre.

Terrine de filets de Soles en Gras.

Ayant coupez les Soles par filets, garnissez le fond d'une casserole de tranches de jambon, &

& de bardes de lard, & assaisonnez tant-soit-peu de sel, poivre, & de fines épices, & y mettez du persil en branches ; arrangez les filets & Soles dans la casserole, & les assaisonnez dessus comme dessous ; couvrez-les de tranches de veau & de bardes de lard, & d'un convercle; empâtez autour, & la mettez cuire à petit feu : étant cuite, découvrez vôtre casserole ; ôtez-en les tranches de veau, & les bardes de lard; dégraissez-là bien, & y jettez dedans une essence de jambon, ou bien un ragoût de truffes vertes: Voyez qu'elle soit d'un bon goût; servez chaudement dans vôtre Terrine.

Les Terrines de filets de Turbot & de Barbuës en Gras, se font de la même maniére que la Terrine de filets de Soles en Gras marquée ci-dessus.

Terrine de Macreuses en Maigre.

Les Macreuses étant plumées, & épluchées proprement, vuidez-les, & en gardez les foies; mettez les foies sur une table avec un peu de ciboule, persil haché, champignons & truffes, si vous en avez, assaisonné de sel, poivre, un peu de fines épices, un morceau de beurre frais; hachez bien le tout ensemble, & le mettez dans le corps de vos Macreuses, & arrêtez par les deux bouts; mettez dans une casserole ou marmite de bon beurre, & des ognons coupez en tranches; arrangez vos Macreuses, & assaisonnez de sel, poivre, fines herbes, cloux de girofle, un couple de verres de vin blanc, & un peu d'ail, une cuillierée de boüillon de poisson, ou autre boüillon

lon Maigre; couvrez-les, & les mettez cuire, feu deſſus & deſſous, tout doucement: étant cuites, tirez-les, faites-les égoûter; dreſſez-les dans la Terrine, & mettez par-deſſus un ragoût de laitances, de queuës d'écrevices, de champignons, de truffes & mouſſerons, ſi vous en avez; voyez que la Terrine ſoit d'un bon goût, & ſervez chaudement. On trouvera la maniére de faire ce ragoût, au Chapitre des Ragoûts.

Obſervez de mettre un couple de noix en les mettant à la braiſe, & elles ſeront beaucoup plus tendres & plûtôt cuites. Ceux que vous ferez cuire à la broche, il faut y mettre une noix dans le corps, & la retirer en ſervant: vos Macreuſes ſeront beaucoup plûtôt cuites, & plus tendres.

CHAPITRE V.

Des Entrées de Dindons & Dindonneaux.

Dindons farcis aux Ecrevices.

PRenez un Dindon ; épluchez-le bien proprement, flambez-le, & le vuidez de même. Passez les doigts entre la peau, & la chair ; ôtez-en l'estomac, & faites ensuite de cette chair une farce, dont voici la maniére de la faire. Prenez de la graisse de bœuf, du lard blanchi, une tetine de veau aussi blanchie, de la chair de poulet, quelques champignons, des truffes, où des mousserons, si vous en avez, du sel, poivre, fines herbes, fines épices, de la mie de pain cuite dans du lait, ou dans de la crême, un couple d'œufs cruds, le tout haché & de bon goût. Vous mettrez une partie de cette farce dans le corps de vôtre Dindon, & ensuite, un petit ragoût de queuës d'Ecrevices & mousserons, avec un peu de Coulis d'Ecrevices. Après celà, mettez le reste de la farce pardessus, & fermez bien les deux bouts, de peur que la farce ne sorte. Faites refaire vôtre Dindon dans une casserole avec du beurre, sel, poivre, persil, & ciboule ; faites principalement qu'il soit bien blanc. Passez ensuite une brochette au travers des cuisses de vôtre Dindon ; em-

embrochez-le & l'envelopez de quelques bardes de lard & de papier, & le faites cuire à un feu moderé. Etant cuit, tirez-le, débardez-le, & le dressez proprement dans le plat où vous le voulez servir. Mettez-y ensuite un ragoût d'Ecrevices par-dessus, & servez chaudement pour Entrée.

Une autre fois, vous pouvez servir vôtre Dindon, en mettant par-dessus un Coulis d'Ecrevices, à la place du ragoût de queuës d'Ecevices.

Dindon aux Ecrevices, d'une autre façon.

Prenez un Dindon, flambez-le, épluchez-le & le vuidez bien proprement. Mettez-en le foie sur la table, avec un peu de lard rapé, persil, ciboule, sel, poivre, fines herbes, fines épices, champignons & truffes, si vous en avez, & un morceau de beurre; hachez bien le tout, & le mettez dans le corps de vôtre Dindon; faites-le refaire dans une casserole avec un morceau de beurre, persil en branche, ciboule, sel, poivre, & fines herbes. Faites que vôtre Dindon soit bien blanchi; en le mettant à la broche, envelopez-le de bardes de lard & de papier. Vôtre Didon étant cuit, dressez-le dans son plat, & y mettez un ragoût comme ci-dessus, ou bien un Coulis d'Ecrevices, & servez chaudement pour Entrée.

Une autre fois, au lieu de hacher le foie de vôtre Dindon, vous le couperez couper en quatre où en six morceaux, avec quelques-autres foies, des queuës d'Ecrevices, lard rapé, persil haché, ciboule, sel, poivre, fines épices, & fines herbes. Le tout étant bien mêlé ensemble, mettez-le dans le corps de vôtre Dindon, blanchi de de même que ci-dessus. Après qu'il sera cuit, dressez-le dans son plat, mettez-y un Coulis d'Ecrevices, & servez chaudement pour Entrée.

Dindon aux Huitres.

Prenez un Dindon, flambez-le, épluchez-le & le vuidez bien proprement. Coupez-en le foie par morceaux, avec une douzaine d'Huitres, un morceau de beurre; assaisonnez, de sel, poivre, fines herbes, fines épices, champignons, persil, ciboule, & mettez le tout dans une casserole que vous laisserez un moment sur le feu. Ensuite, mettez-le dans le corps de vôtre Dindon, & le faites refaire comme ci-dessus. En le mettant à la broche, bardez-le de bardes de lard & de papier, & que vous ficelerez. Ayez ensuite un ragoût d'Huitres tout prêt, pour joindre à vôtre Dindon quand il sera cuit. Faites le ragoût de la maniére qui suit. Ayez trois douzaines d'Huitres, faites-les blanchir à l'eau boüillante, mettez-les égoûter sur un tamis, & ôtez-en les durillons. Mettez dans une casserole une cuillerée d'essence de jambon; faites-là boüillir sur le feu, dégraissez-là bien, goûtez-là, & mettez-y ensuite vos Huitres, en les changeant de casserole. Quand vôtre Dindon sera cuit, dressez-le dans son plat, jettez-y vôtre ragoût par-dessus, avec un jus de citron; ayez soin qu'il soit de bon goût, & servez chaudement pour Entrée.

Dindon aux Huitres, au Coulis d'Ecrevices.

Prenez un Dindon, & le préparez comme celui ci-dessus, avec cette difference, qu'au lieu de mettre une essence de jambon, vous y mettrez un bon Coulis d'Ecrevices & queues par-dessus, & servirez ensuite chaudement pour Entrée.

Dindon aux Huitres à la Hollandoise.

Ayez un Dindon accommodé comme ci-dessus; faites-le cuire à la broche, & faites un ragoût d'Huitres, de la maniére qui suit; blanchissez des Huitres en telle quantité que vous jugerez à propos, étant blanchies, épluchez les barbes & ôtez-en les durillons; ayez dans une casserole de bon beurre, une pincée de farine, & une goûte de jus, assaisonnez le tout de sel, poivre, muscade, avec un filet de vinaigre, & mettez la casserole dessus le fourneau. La sausse étant liée, mettez-y vos Huitres, & observez qu'elles soient de bon goût; quand vôtre Dindon sera cuit, dressez-le dans son plat, mettez le ragoût d'Huitres par-dessus, & servez-le chaudement.

Autre Entrée de Didons.

Une autre fois, faites seulement blanchir vos Huitres dans leur eau, que vous garderez, épluchez-les comme ci-dessus, & l'eau étant reposée, mettez-en une partie dans une casserole bien étamée, avec un couple d'anchois hachés, & un peu de jus; faites-les ensuite boüillir, après quoi, mettez-y vôtre beurre, dont un morceau soit manié dans la farine; la sausse étant liée, mettez-y vos Huitres; étant prêt à servir, dressez vôtre Dindon, & mettez le ragoût d'Huitres par-dessus avec un jus de citron, & servez chaudement pour Entrée.

Une

Une autre fois, vous y pouvez mettre du persil, blanchi & haché, & une autre fois des citrons coupez en petits dez.

Dindons aux Huitres à la Flamande.

Prenez un Dindon, accommodez-le comme ci-dessus, & faites vôtre ragoût de cette maniére. Faites blanchir vos Huitres dans leur eau, que vous garderez, & épluchez-les, comme ci-dessus, mettez une partie de leur eau dans une casserole, avec quatre jaunes d'œufs, un morceau de beurre, persil, estragon, le tout bien blanchi & haché, du citron coupez en dez, un anchois haché, du sel, poivre, & muscades. Mettez vos Huitres sur le feu, & prenez garde que la sausse ne tourne pas; lorsque vôtre Dindon sera cuit, debrochez-le & détachez les aîles & les cuisses du corps, cizelés l'éstomac & écrasez-le entre deux plats; ensuite mettez vôtre ragoût d'Huitres par-dessus; observez que celà soit d'un bon goût, & servez chaudement pour Entrée. Il n'est pas nécessaire d'expliquer la quantité de Dindons qu'il faut mettre, le plat doit vous gouverner, & selon sa grandeur mettez-y des viandes.

Entrée de Didons Glacez.

Prenez un Dindon & le flambez, vuidez-le & troussez-le, & le faites refaire sur la braise, & ensuite, faites-le piquer de petit lard; étant piqué, fandez-le sur le dos, & mettez un petit ragoût de ris de veau, champignons, truffes, si vous en avez, & quelques queues d'artichaux, mettez-le cuire dans une casserole avec des bardes de lard, de jambon & de veau; étant cuit, tirez-le, & y mettez une cuillerée de boüillon. Faites lui donner un boüillon; ensuite, passez-le dans un tamis de soie, & le dégraissez bien, remettez ce boüillon sur le feu, & le laissez boüillir, jusqu'à ce qu'il dévienne en caramel; & ensuite, mettez-y vôtre Dindon, mettez le lard dans le caramel, & le mettez sur des cendres chaudes, afin qu'il se glace comme il faut: étant prêt à servir, mettez une essence de jambon, ou bien une sausse à l'Italienne dans vôtre plat, & ensuite vôtre Dindon dessus, & servez chaudement pour Entrée.

Dindons à l'Achia, à la broche.

Prenez un Dindon, flambez-le, & épluchez-le, & le vuidez bien proprement: mettez le foie sur la table, avec du lard rapé, persil, ciboule, sel, poivre, fines herbes, fines épices, un morceau de beurre, bien haché ensemble; mettez le tout dans le corps de vôtre Dindon, & le faites refaire dans une casserole avec de bon beurre, persil en branches, ciboule, sel, poivre, fines herbes, & sur-tout qu'il soit bien blanc, & bien rond, mettez-le à la broche, & le pliez de bardes de lard & de papier. Une autre fois vous ne hachez point le foie, vous le coupez seulement en quatre ou cinq morceaux, avec quelques autres, & des filets d'Achia, & assaisonnez comme les autres ci-devant; prenez de l'Achia, autant que vous jugerez à propos, & coupez en filets, la faites blanchir à l'eau boüillante; étant blanchie, mettez-là dans l'eau froide; ensuite, mettez-là égoûter sur un tamis; étant égoûtée, vous la mettez dans une casserole avec du jus & coulis,

lis, & le faites boüillir un boüillon, & le Dindon étant cuit, vous le mettez dans son plat, & vôtre ragoût d'Achia par-dessus : observez que celà ait du goût, de l'œil & leger, afin que celà puisse flater la vûë, & le servez chaudement.

Dindons aux Maingots, à la broche.

Prenez un Dindon, & l'accommodé tout comme celui ci-devant ; il n'y a que le ragoût qui distingue, ayez des Maingots les plus tendres que vous pourrez trouver, faites-les blanchir ; étant blanchi, levez la chair de vos Maingots par filets, prenez ce qui est dedans, & ensuite, mettez-les dans une casserole avec une essence de jambon, & les faites boüillir un boüillon ; & quand vôtre Dindon sera cuit, vous le dressez dedans son plat, & mettez vos Maingots pardessus, & servez chaudement pour Entrée.

Dindons à l'Echalote, à la broche.

Prenez un Dindon, & l'accommodé tout comme celui-ci-devant, oûtre que vous mettrez un peu d'Echalote dans la farce, vôtre Dindon étant cuit, tirez-le, & y mettez une sausse à l'Echalote, qu'il faut faire ainsi. Prenez des Echalotes bien hachées, mettez-les dans une casserole, avec du jus & du coulis, un jus de citron, poivre concassé, & dressez vôtre Dindon & vôtre coulis chaudement dessus, & le servez de même pour Entrée.

Dindons en Botines.

Ces sortes d'Entrées ne se servent ordinairement que dans les grands repas. Prenez trois Dindons, flambez-les legerement, levez-en les cuisses, & faites ensorte, qu'il y reste de la peau autant qu'il se pourra; ensuite, vous levez les aîles, & vous laissez les aîlerons; il ne faut point laisser de peau aux aîles, afin qu'on les puisse bien piquer; faites la même cérémonie à tous vos Dindons. Vous prenez ensuite, les estomacs qui restent, & coupez la chair en dez, avec ce qui reste sur la carcasse; ensuite, vous prenez vos cuisses, & en tirez les gros os, & une partie de la chair, sans offencer la peau, & vous laissez un petit bout des bouts de la cuisse, comme un manche d'une cotelette; ensuite vous mettez encore cette chair de cuisse en dez, avec des champignons, quelques filets de perdrix, & de jambon coupez en petits dez; ajoûtez-y des ris de veau, des truffes, persil, ciboule, un peu de lard rapé, sel, poivre, fines herbes, fines épices, & vous mettez le tout un moment dessus le feu, & voyez si le tout est de bon goût, & y mettez un jus de citron; ensuite, vous étendez la peau de vos cuisses, & vous mettez de ce salpicon dans chaque cuisses; ensuite, vous les cousez, après quoi vous les metrez cuire dans une petite braise: voici la maniere de faire cette braise. Prenez une casserole & la garnissez de bardes de lard & tranches de veau; ensuite, arangez-y vos cuisses, & les assaisonnez, & les achevez de couvrir; faites les cuire, & les moüillez de bon boüillon, & qu'elles ne cuisent pas trop; étant cuites, tirez-les égoûter, dressez-les dans leurs plats, & vous mettez une essence de jambon dessus, & le servez chaudement pour Entrée. Une autre fois, au lieu de Salpicon, vous pouvez vous servir de farce, & les faire piquer de petit lard, & les autres aussi si vous voulez.

En-

Entrée d'Aîles de Dindons.

Pour ce qui regarde les Aîles de Dindons, quand elles sont piquées, vous les mettez cuire dans une casserole, avec tranches de veau, & de jambon, un couple d'ognons, trois ou quatre clous de girofle, & bon boüillon; étant cuites, vous les tirez de la casserole, & les tenez chaudement; passez le boüillon où elles ont cuites, & le degraissez bien; ensuite, vous le remettez sur le feu, & le laissez boüillir, jusqu'à ce qu'il devienne en caramel; après celà, vous y arrangez vos Aîles, le lard sur le caramel, & les mettez sur des cendres chaudes, afin qu'il se glace tout doucement; étant prêt à servir, si elles ne sont pas assez glacées, les mettez un peu dessus le feu; mais ne les quittez pas, si vous voulez qu'elles soient bien, & vous les servez avec une essence, ou bien vous mettez un peu de coulis, & de jus dans la casserole où elles ont cuites, & un peu de boüillon, un jus de citron, le degraissez bien, & le passez dans un tamis de soie, & le mettez dans le plat que vous devez servir, & les Aîles dessus; & que celà soit de bon goût, & servez chaudement pour Entrée. Vous les pouvez servir avec un ragoût de chicorée, ou de celeri, ou de cardons d'Espagne, ou des laituës, ou des montans de chiconts, ou des cotons de pourpier, ou des pointes d'asperges, celà dépend de l'Officier qui travaille.

Dindon accompagné à la broche.

Epluchez bien un Dindon, & le vuidez; ensuite, tirez les os de l'estomac du Dindon; il faut avoir

voir tout prêt un petit ragoût, des petits pigeons à la cuillier, avec des crêtes, champignons; truffes, & le mettez dans le corps de vôtre Dindon, & bouchez-le par les deux bouts, avec un peu de farce; ensuite, mettez-le à la broche, envelopez de bardes de lard & de papier. Preparez un ragoût de ris de veau, de champignons, de crêtes, de queuës d'Ecrevices, le tout marqué dans une casserole; vous y mettez une cuillerée de bonne essence, & bon jus, & vous mettrez cuire; ensuite, il faut avoir une demi-douzaine de ris de veau, piquez & glacez de la méme maniére que j'ai marqué les aîles de Dindon. Vôtre Dindon étant cuit, vous le débrochez, le débardez, & le dressez dans son plat; & vôtre ragoût étant de bon goût, & bien degraissés, mettez-y un jus de citron, & dressez par-dessus vôtre Dindon, & les ris de veau autour, & les écrevices aussi; observez qu'aprés que vos écrevices sont cuites, qu'il en faut éplucher la queuë, & mettre un petit salpicon dans le corps de vos écrevices, fait avec champignons, truffes, mousserons, & mouillez avec un peu de coulis; ensuite, vous emplissez le corps des écrevices & les mettez dans un petit assaisonnement, pour qu'elles prennent du goût; aprés vous les mettrez autour de vôtre Dindon, entre chaque ris de veau une écrevice, & servez chaudement pour Entrée.

Dindons aux Truffes à la broche.

Prenez un Dindon le plus fin que vous pouvez trouver, épluchez le bien, & le vuidez proprement, rapez du lard sur une assiette, pelez un couple de Truffes vertes, lavez-les bien, & les

les hachées, mettez-les sur le lard rapé avec du persil, & de la ciboule hachée, & tant-soit-peu de bazilic, & le foie de vôtre Dindon bien haché, & assaisonné de sel, poivre, un morceau de beurre, mêlez le tout ensemble, & le mettrez dans le corps de vôtre Dindon, & le faites refaire dans une casserole avec de bon beurre, persil, ciboule, sel, poivre; étant bien rond & bien blanc, ficelez-le, & l'envelopez de bardes de lard, & de papier, & le mettez cuire à petit feu. Pelez des Truffes vertes, & les lavez bien, coupez-les par tranches, & les mettez dans une casserole, avec du jus, & les mettez mitonner à petits feu, assaisonnez de sel, poivre, le tout moderez. Etant cuit, degraissez-le, & le liez de coulis; le Dindon étant cuit, tirez-le de la broche, le débardez, & le dressez proprement dans le plat où vous voulez le servir; voyez que le ragoût soit d'un bon goût, & qu'il ait de la pointe; mettez le dessus le Dindon, & servez chaudement pour Entrée, & que celà ait de l'œil.

Dindons à la Poële.

Ayez un Dindon, flambez-le, épluchez-le, vuidez-le, & troussez les pates en dessous, & les aîles de même; faites un salipicon de son foie, de ris de veau, de champignons, de jambon cuit, le tout coupez en dez, ou en filets; un morceau de bon beurre, un peu de lard rapé; assaisonné de sel, poivre, fines herbes, fines épices, cassez les gros os des cuisses & de l'estomac de vôtre Dindon, & les tirez, remplissez-le de vôtre salipicon. Prenez une casserole assez grande pour y pouvoir mettre vôtre Dindon, soit gros ou petit, garnissez-là de tranches de veau & de jambon, tranches d'ognons; mettez-y vôtre Dindon, assaisonnez-le de sel, poivre, bazilic & ognons, & couvrez-le dessus comme dessous. Faites-le cuire feu dessus & dessous tout doucement. Etant cuit, tirez vôtre Dindon, & le tenez chaudement; mettez dans la casserole où il a cuit, du jus, du coulis, & du jus de citron. Ayant boüilli un moment, vous le passerez dans un tamis de soie, & le dégraisserez bien; observez qu'il soit d'un bon goût, dressez vôtre Dindon dans son plat, vôtre coulis par-dessus, & servez chaudement. Une autre fois vous les pouvez ouvrir par-dessus le dos, y mettre vôtre salipicon & le faire cuire de même, les poulardes, chapons, & poulets s'accommodent de même, aussi bien que telles autres volailles qu'on jugera à propos.

Dindonneaux aux Mousserons.

Prenez des Dindonneaux, & les habillez de même que ceux aux truffes, du lard rapé, & un morceau de beurre frais, y mettez un peu de Mousserons, du persil, de la ciboule, & tant-soit-peu de bazilic, & les foies de vos Dindonneaux, assaisonnez de sel, poivre, le tout bien haché & mêlé ensemble, & le mettez dans le corps de vos Dindonneaux, & les faites refaire dans une casserole avec un morceaux de beurre, persil, ciboule, sel, bazilic; étant refaites, ficelez-les & les mettez à la broche, envelopez-les de bardes de lard, & de papier, & les mettez cuire à petit feu. Faites un ragoût de Moussurons de cette maniére; & les mettez dans une casserole, avec du jus de veau, & les laissez mitonner à petit feu; ayant mitonné un quart d'heure, re, liez-les de coulis : Les Dindonneaux étant cuits, tirez-les de la broche & les débardez, & les dressez proprement dans le plat où vous le voulez servir. Voyez que le ragoût de Mousserons soit d'un bon goût, & qu'il ait de la pointe; mettez par-dessus vos Dindonneaux, & servez chaudement pour Entrée.

Dindonneaux aux Concombres farcis à la broche.

Prenez un Dindonneau, l'épluchez, le vuidez propement, & ôtez les os de l'estomac, mettez la chair sur une table avec un peu de jambon, du lard blanchi, & une tetine de veau blanchie, de champignons, un peu de persil, & de ciboule, tant soit peu de fines herbes & fines épices, trois ou quatre jaunes d'œufs, de la mie de pain cuite dans la crême, ou du lait; hachez bien le tout ensemble, & le pilez dans le mortier; mettez un peu de farce dans vôtre Dindonneau, & ensuite, un ragoût de Concombres, & ensuite de la farce, arrêtez-les par les deux bouts, faites-les refaire, comme les autres ci-devant, passez une brochette au travers des cuisses, & les mettez à la broche, envelopez de bardes de lard & de papier, & le mettez cuire à petit feu. Prenez de moyens Concombres, pelez-les & les vuidez; étant bien vuidez, faites-les blanchir un boüillon; étant blanchi, mettez-les à l'eau froide; ensuite, farcissez-les de cette farce de Dindon, & les farinerez par les bouts. Mettez dans une casserole quelques bardes de lard, & y arrangez vos Concombres, assaisonnez-les, & moüillez-les d'une cuillierée de boüillon

lon du derriére de la marmite, & les mettez cuire. Prenez une demi cuillerée de vôtre coulis, & le mettez dans une casserole, & le faites boüillir; voyez que ce coulis soit d'un bon goût. Vôtre Dindon étant cuit, tirez-le, & le dressez proprement dans son plat; ensuite, tirez vos Concombres, égoûtez-les, & les mettez autour de vôtre Dindon. Mettez vôtre essence par-dessus, & un jus de citron, & servez chadement pour Entrée.

L'on accommode les Chapons, de mê me que les Dindons qui sont marquez-ci-dessus.

Dindons à l'Italienne, à la broche.

Prenez un Dindon, épluchez-le, & vuidez-le comme ceux ci-devant; prenez du persil & de la ciboule, champignons, truffes, les foies de vôtre Dindonneau, du lard rapé, un morceau de bon beurre, de fines herbes, de fines épices, hachez le tout ensemble, & le mettez dans le corps de vôtre Dindon, arrêtez-le par les deux bouts, ensuite, faites-le refaire dans une casserole, comme il est marqué ci-devant; ensuite, mettez-le à la broche, & le pliez de bardes de lard, & de papier. Prenez du persil, ciboule, de l'estragon, beaume, & le faites blanchir; étant blanchi, pressez-le bien pour en tirer l'eau; ensuite, hachez-le bien menu, & mettez dans une casserole la quantité que vous jugerez à propos, avec quatre jaunes d'œufs, un verre de vin de champagne, un demi verre d'huile, un couple d'anchois, hachez la moitié d'un citron coupé en deux, une pincée de poivre concassé, du sel, un couple de rocamboles hachées bien menues ou écrasée; mettez tout

sur

ſur le feu, & y mettez un peu de coulis; mais prenez garde qu'elle ne tourne; enſuite, tirez le Dindon de la broche, débardez-le, & le dreſſez dans ſon plat avec vôtre ſauſſe par-deſſus. Voyez qu'elle ſoit d'un bon goût, & ſervez chaudement.

Autre Entrée de Dindonneaux à l'Italienne.

Prenez un Dindonneau, habillez-le, comme ci-devant; faites-le refaire dans une caſſérole, comme les autres, excepté qu'il ne faut point mettre de beurre; vous mettrez de l'huile, & du jus de citron; étant refait, vous le mettez à la broche, plié de bardes de lard & de papier. Vôtre Dindonneau étant cuit, tirez-le, & le débardez. Dreſſez-le dans ſon plat proprement, mettez vôtre ſauſſe par-deſſus, & ſervez chaudement pour Entrée. Vous trouvez la maniére de faire cette ſauſſe, au Chapitre des Coulis.

Dindons, ou Chapons en Galantines.

Prenez des Dindons, ſelon la quantité de Galantines que vous voulez faire; car chaque Dindon forme une Galantine, flambez-les, & les épluchez proprement; fendez-les par-deſſus le dos, ôtez-en la peau, le plus proprement que vous pourrez, & prenez garde de la caſſer; enſuite, prenez les blancs de vos volailles, & les coupez en filets, avec du jambon en filets, du lard en filets, & des piſtaches en filets; arrangez le tout ſur un plat, prenez le reſtant de la chair de vos Dindons, avec une noix de veau, un morceau de lard, un morceau de graiſſe de bœuf, un morceau de jambon; coupez le tout

tout en petits morceaux, & les mettez sur une table, avec persil, ciboule, fines herbes, fines épices, sel, poivre; hachez bien le tout ensemble, & y mettez des jaunes d'œufs; pilez le tout dans un mortier, & observez que vôtre farce soit d'un bon goût; ensuite, étendez vos peaux de Dindons sur une table, & y faites un lit de farce en dedans de la peau, de toute leur étenduë, & puis vous faites un filet du blanc de vos Dindons, que vous avez coupez, un filet de jambon, un filet de lard, un filet de pistaches, un filet de jaunes d'œufs durs; si vous vous en servez pour des entremens froids: ensuite, un lit de farce par-dessus; vous continuez de même jusqu'à ce que vos peaux de Dindons soient plaines; ensuite, vous faites rejoindre vos peaux de Dindons, comme si elles étoient entiéres; vous les cousez bien; après quoi, vous prenez une marmite, garnissez-la de bardes de lard, & de tranches de veau; arrangez-y vos Dindons, & les assaisonnez; achevez de le couvrir dessus comme dessous; mettez-y une demi bouteille de bon vin blanc, quelques gousses d'ail, du boüillon, & les mettez cuire, feu dessus & dessous tout doucement. Prenez garde qu'elles ne cuisent pas trop; étant cuites, ôtez-les du feu, & les laissez refroidir dans leur braise, afin qu'elles prennent du goût. Vous les servez entiéres, ou sur des servietes, bâtonnez, ou bien coupez en tranches, ou pour servir de garnitures à quelques autres gros entremêns; elles se servent chaudes, si l'on sert pour Entrée, avec une essence de jambon par-dessus, ou bien coupez en tranches, avec une essence. Les Chapons en Galantines sont de même.

Din-

Dindons à la Passepiere.

Prenez des Dindons, épluchez-les bien proprement, & les vuidez, hachez-les foies, avec un peu de lard rapé, un morceau de beurre, champignons, persil, ciboule, sel, poivre, fines herbes, fines épices; hachez bien le tout ensemble, & le mettez dans le corps de vôtre Dindon, & le faites refaire comme il est marqué ci-devant; ensuite, mettez-le à la broche, & le pliez de bardes de lard & de papier; prenez ensuite, de la Passepiere, épluchez-là, & jettez ce qui se trouve dur, & la faites blanchir à l'eau boüillante; après, mettez-là à l'eau fraiche; après quoi, mettez-là dans une casserole avec une demi cuillerée à pot de jus, & une cuillerée de coulis, & faites boüillir le tout un moment; & vos Dindons étant cuits, tirez-les, & les débardez, vous les dresserez dans vôtre plat, & vôtre Passepiere dessous, & servez chaudement pour Entrée.

Dindons aux Ognons, à la broche.

Prenez des Dindons, épluchez-les bien, & les vuidez; prenez ensuite les foies de vos Dindons avec du persil, ciboule, fines herbes, fines épices, sel, poivre, du lard rapé, un morceau de beurre, le tout bien haché; mettez-le dans le corps de vos Dindons, & l'arrêtez par les deux bouts, afin que l'assaisonnement ne sorte point; faites-les refaire dans une casserole comme les autre ci-devant; ensuite, mettez-les à la broche, & les envelopez de bardes de lard & de papier, & les mettez cuire à

petit

petit feu : Prenez deux ou trois douzaines de petits ognons, épluchez-les & les faites blanchir; étant blanchis, mettez-les dans l'eau fraiche; ensuite, dans une casserole avec de bon-bouillon; étant presque cuits, liez-les d'une bonne essence de jambon, & achevez de les faire cuire doucement; Etant cuits, dégraissez-les bien, & y mettez un jus de citron; vos Dindons étant cuits tirez-les de la broche, & les dressez proprement dans leur plat ou vous les voulez servir, & mettez vos ognons sur les Dindons; voyez que l'essence soit d'un bon goût, & servez chaudement pour Entrée.

On peut faire de même des Chapons aux ognons à la broche.

Dindon en Fricandeaux.

Prenez un Dindon, épluchez-le, & le vuidez, troussez les cuisses en dedans le corps, faites-le refaire, ensuite, coupez-le en deux, cassez un peu les os, faites-le piquer de petit lard; étant piqué, vous le mettez cuire comme les autres ci-devant marquez, en Fricandeux ou comme d'autres Fricandeaux marquez ci-dessus, & le servirez avec une essence de jambon, ou le jus que vous tirez de la casserole où il aura cuit; vous trouverez la maniére de faire la sausse en plusieurs endroits; & servez-le caudement pour Entrée.

Dindon en Ballon.

Prenez un Dindon, & l'épluchez, fendez-le par-dessus le dos, ôtez-en la peau; ensuite, prenez les blancs de vôtre Dindon, quelques blancs de perdrix, & autres volailles, mettez le tout

tout en petits dez du lard en petit dez, du jambon en petit dez, des pistaches ne petits dez; prenez ensuite la chair de vôtre Dindon que vous avez rebuté pour le mettre en filetz, un morceau de noix de veau, un morceau de lard, tetine de veau, un morceau de graisse de bœuf; hachez bien le tout, assaisonnez de sel, poivre fines herbes, fines épices, persil, ciboule, une petite pointe d'ail; cassez deux ou trois jaunes d'œufs crus, hachez & mêlez bien le tout ensemble, & mettez le tout dans un plat, & y mettez toutes vos viandes, que vous avez coupées en petits dez avec des truffes, si vous en avez, coupez de même; remplissez-en la peau de vôtre Dindon, qu'elle soit ronde comme une boule; ensuite, vous le mettez cuire dans une petite braise blanche, & servez-le avec une essence de jambon dessus. Vous le pouvez une autre fois faire piquer de petit lard, & le cuire comme un fricandeau; vous le pouvez servir froid pour Entremêts, en le coupant en tranches pour garnir des gros Entremêts.

Dindon en Vallon.

Dindon en Vallon, c'est à peu-près la même chose que le Dindon en Ballon, excepté qu'on y laisse les pâtes & les aîles; prenez un Dindon, épluchez-le bien proprement, & le fendez sur le dos; tirez-en tous les os en général, vous en laisserez un aux cuisses, pour que la pate puisse tenir, & la remplissez de farce, comme celle ci-dessus; ensuite, cousez-le, & lui faites reprendre la figure de Dindon; troussez-lui les pates à côté du corps, & les aîles pareillement; mettez-le cuire dans une petite braisiere, garnisſez-le de bardes de lard, & de veau; pliez vôtre Dindon dans une étamine, & mettez-le dans cette braiſiere, aſſaiſonnée de ſel, poivre, clous, fines herbes & ognons, achevez de la couvrir de bardes de lard, & tranches de veau; moüillez-la d'une cuillerée de boüillon, un couple de verre de vin blanc; mettez-le cuire tout doucement, prenez garde qu'il ne cuiſe pas trop; enſuite, prenez du jambon coupé en tranches fort minces, battez-les avec le dos de vôtre coûteau, coupez-les en petit filets le plus fin qu'il ſera poſſible; enſuite, en petits dez, comme la tête d'une épingle; mettez-les dans une caſſerole, avec un petit brin de lard rapé, & le mettez à ſuer ſur un fourneau à petit feu: quand il aura pris un peu de couleur, vous y mettez un petit morceau de beurre; enſuite, une petite pincée de farine, & remuërez avec une cuilliere de bois pour faire prendre une couleur d'or à vôtre farine; enſuite, moüillez-le d'une cuillerée de boüillon, faites-le boüillir, & le dégraiſſez bien: ſi la ſauſſe n'eſt pas aſſez grande ou aſſez liée, vous n'avez qu'à y ajoûter un peu de vôtre Coulis; & vôtre Dindon étant cuit, laiſſez-le égoûter, & dreſſez-le dans ſon plat, & mettez ce petit Salpicon de jambon par-deſſus, & un jus de citron, & ſervez chaudement pour Entrée. Une autre fois vous y pouvez mettre des Truffes coupées de même, avec une eſſence de jambon.

Dindons en Grenadins.

Prenez des Dindons, épluchez-les bien, fendez-les ſur le dos, & les vuidez; ôtez-en tous les os en général; enſuite, rempliſſez-les d'un Salpicon de veau & de jambon coupez en dez, de de truffes & de champignons coupez en dez, un peu de lard, & quelques filets de Dindons, le tout coupez en dez, & le tout crus. Prenez une casserole avec un peu de lard fondu, du persil & de la ciboule, mettez toutes vos viandes, coupées en petits dez, dans une casserole sur le feu, & l'assaisonné de sel, de poivre, & d'un jus de citron : voyez que cela soit d'un bon goût, & remplissez-en vos Dindons, cousez-les & massez les peaux; il faut qu'il soit ronde comme une boule; piquez-les de petit lard, & les mettez cuire dans une casserole, avec des tranches de veau & de jambon, ognons, un bouquet fait de ciboule, persil, cloux de girofle, branches de bazilic & de thin, moüillez-les de boüillon, & les mettez cuire à petit feu; étant cuits, tirez-les, & passez vôtre boüillon dans un tamis de soie; dégraissez-le bien, & le mettez sur le feu, & le laissez diminuer jusqu'à ce que le jus se rende en caramel; ensuite, mettez-y vos Grenadins du côté du lard, & le remettez sur des cendres chaudes, pour qu'il se glace à loisir, ou bien sur un fourneau tout doucement; mais ne le quitez pas de vûe; & ensuite, dressez-le dans le plat, avec une essence de jambon, & servez chaudement pour Entrée.

Dindon au Jambon.

Prenez un Dindon, épluchez-le, & le vuidez, mettez le foie sur vôtre table, avec du lard rapé, du sel, poivre, fines herbes, fines épices, ciboule, persil, champignons, truffes, & un morceau de beurre, hachez bien le tout ensemble, mettez-le dans le corps de vôtre Dindon, & l'arrêtez par les deux bouts, & le

 faite

faite blanchir comme ci-devant; étant refait, mettez-le à la broche, envelopez-le de bardes de lard, & papier; prenez du jambon coupez en petites tranches, & les arrangez dans une casserole, & leur faites prendre couleur des deux côtez; ensuite, tirez-le de la casserole, mettez-y un morceau de beurre, & une pincée de farine, remuez avec un cuillier de bois, jusqu'à ce qu'elles prennent une belle couleur; moüillez-les ensuite de bon bouillon & de bon jus, prenez garde qu'il ne prenne pas trop de couleur; s'il n'est pas assez lié, joignez-y de vôtre coulis ordinaire, mettez-y un verre de vin blanc, & le bien dégraisser, si vous le jugez à propos, vous remettrez vôtre Jambon dans la casserole; mais vous lui ôtez toute la qualité qu'il peut avoir. Vos Dindons étant cuits, débardez-les & dressez-les dans leur plat, arrangez vos tranches de Jambon dessus; ensuite, vôtre essence de Jambon, & un jus de citron, & servez chaudement pour Entrée. Une autre fois vous pouvez couper vôtre Jambon en filets, après qu'il a pris couleur; mais ne le point mettre sur-tout dans la sausse.

Dindon en Hérisson.

Prenez un Dindon, épluchez-le, vuidez-le & l'acommodez comme ci-dessus; mettez-le à la broche, envelopé de bardes de lard & de papier: observez que la tête rentre dans le corps, de maniére qu'il n'y paroisse que le bout du bec. Ayez deux ou trois douzaines de petits hâtelets, long comme le doigt; voyez la façon de faire des hâtelets; prenez du petit lard maigre, coupez-le en petits morceaux larges comme le bout du pou-

pouce, minces comme deux lames de couteau ensemble; mettez-les ensuite dans une casserole sur un fourneau pour en faire sortir le plus gros, & la graisse; mettez-y, ensuite, des ris de veau, coupez comme le gros du pouce, quelques champignons, quelques foies gras, persil, & ciboule, fines herbes, liez-les d'une pincée de farine, & les mouillez d'un peu de jus; ensuite, les laisser refroidir: ayez des petits hâtelets de bois longs comme le pouce, & mettez un morceau de ris de veau, un morceau de lard, un peu de champignons, jusqu'à ce que le petit hâtelet soit plein; observez qu'il faut qu'il reste du bois pour le piquer sur le Dindon; ensuite, trempez-les dans la sausse où ils ont été, & les panez d'une mie de pain fine, & les faites griller d'une belle couleur: vôtre Dindon étant cuit, dressez-le dans son plat, avec une essence par-dessus, & y piquez vos petits hâtelets, & servez chaudement pour Entrée.

Dindons aux Marrons, & petites Saussices, à la Broche.

Prenez un Dindon, épluchez-le, & le vuidez, hachez le foie avec persil, ciboule, du lard rapé, beurre, sel, poivre, fines herbes, fines épices; ayez des Marrons, épluchez-les, & les mettez dans la braise pour faire quitter la petite peau; ensuite, mêlez les Marrons avec la farce, & mettez le tout dans le corps de vôtre Dindon, & les petites Saussices, & les faites refaire dans une casserole, avec un morceau de beurre; embrochez-le, enveloppez de bardes de lard & de papier; prenez des Marrons

rons épluchez, mettez-les dans une tourtiére, feu dessus & dessous, & ôtez cette petite peau; ensuite, mettez-les dans une casserole avec du boüillon, & achevez de les faire cuire. Quand ils seront cuits, ôtez le boüillon, & y mettez une demi cuillier à pot d'essence, un peu de coulis, & un peu de jus; vôtre Dindon étant cuit, débrochez-le, & le débardez; dressez-le dans son plat; mettez vos Marrons par-dessus avec un jus de citron, & servez chaudement pour Entrée.

Dindons aux Cardons d'Espagne.

Prenez des Dindons, épluchez-les, vuidez-les; mettez les foies sur vôtre table avec du lard rapé, du beurre, persil, ciboule, champignons, sel, poivre, fines herbes, fines épices; hachez bien le tout, & le mettez dans le corps de vos Dindons; faites-les refaire dans une casserole avec un morceau de beurre, persil, & ciboule en bâtons; étant refaites, mettez-les à la broche envelopez de bardes de lard & de papier; ayez des Cardons tout prêts; mettez-les dans une casserole avec une demi cuillerée de bon jus de veau, une demi cuillerée de bonne essence de jambon; mettez-y vos Cardons longs comme la moitié du doigt, & qu'ils soient bien blancs; avant que de les mettre dans vôtre coulis, faites-les boüillir un boüillon, & les dégraissez bien; vous y mettrez un jus d'orange en servant. Vos Dindons étant cuits, débardez-les, & les dressez dans leur plat, & vôtre ragoût de Cardons par-dessus, & servez chaudement pour Entrée.

Din-

Dindon à la Crême.

Prenez un Dindon ou deux, selon la grandeur de vôtre plat & l'habillez; mettez-le cuire à la broche; étant cuit, tirez-le, & le laissez refroidir, prenez un morceau de noix de veau & en ôtez bien les peaux, & le coupez par morceaux, avec un morceau de lard blanchi, avec de la graisse de bœuf, une tetine de veau, quelques champignons, persil, ciboule, fines herbes, fines épices, sel, poivre; mettez le tout dans une casserole sur le feu; quand cela sera cuit, ôtez-le de dessus le feu, & le mettez sur une table, & le hachez bien; prenez les estomacs de vos Dindons, & les mettez avec cette farce; étant bien hachez, mettez-les dans un mortier, avec un morceau de pain bouilli dans du lait; la mie de pain étant froide, mettez-la avec la farce, & six jaunes d'œufs, la moitié des blancs d'œufs foitez en nége, pilez bien le tout ensemble, prenez le plat que vous voulez servir; s'il est d'argent, mettez-y de cette farce dans le fond, & y mettez vos Dindons dessus, & les remplissez de cette farce, laissez un trou au milieu pour y mettre un petit ragoût fait de ris de veau, de crêtes, champignons; couvrez ensuite le petit ragoût, & rendez vôtre Dindon aussi rond que vous pourrez; cassez un œuf, bâtez-le, & en dorez vôtre Dindon aussi rond que vous pourrez, & le panez de mie de pain bien fine, & le mettez cuire au four, ou bien dessous un couvercle de tourtiére, étant cuit & de belle couleur, tirez-le du feu, & le dégraissez bien; nettoyez bien le bord du plat, & mettez un peu d'esd'essence à côté de vôtre Dindon, & servez chaudement pour Entrée. Quand on a point de plat d'argent, on se sert d'une tourtiére longue; ensuite, l'on dresse le Dindon dans un plat.

Dindon à la Créme, à la Broche.

Prenez un Dindon, épluchez-le, vuidez-le, & le faites refaire sur la braise; ensuite, faites des lardons de lard & de jambon, assaisonnez de sel, poivre, fines herbes, fines épices, persil, ciboule, & piquez vôtre Dindon; étant piquez, metez-le dans une casserole avec une pinte de lait, un bon morceau de beurre, fines herbes, une pincée de coriandes, du sel, poivre, ognons coupez en traches, & le mettez un moment sur le feu; ensuite, mettez-le à la broche, & l'arrosez de ce lait; étant presque cuit, prenez une chopine de Créme avec une petite poignée de farine; délayez bien le tout ensemble, & y mettez un bon morceau de beurre avec du sel; mettez le tout un moment sur le feu, & remuez avec une cuilliere de bois, arrosez ensuite vôtre Dindon, & que celà fasse une croûte sur vôtre Dindon, & qu'il soit d'une belle couleur: vôtre Dindon étant cuit, tirez-le & le dressez dans son plat, & mettez une poivrade liée dessous, & servez chaudement pour Entrée.

Dindon à la Sausse à la Carpe.

Prenez un Dindon, épluchez-le, & le vuidez,

dez, haché le foie avec un peu de persil, ciboule, fines herbes, sel, poivre, un peu de lard rapé, un morceau de beurre, champignons, truffes fraiches, si vous en avez; faites refaire vôtre Dindon dans une casserole, avec du beurre, persil, ciboule & sel: ensuite, mettez-le à la broche, envelopé de bardes de lard & de papier, & le faites cuire à la broche. Vôtre Dindon étant cuit, tirez-le, & le débardez, dressez-le dans le plat ou vous voulez servir; mettez les laitances à côté de vôtre Dindon, & la sausse par-dessus, & servez chaudement pour Entrée. Vous trouverez la maniére de faire la Sausse, au Chapitre des Sausses.

Dindons à la Sausse au Brochet.

Prenez des Dindons, & les accommodez comme celui qui est à la Sausse à la Carpe; la difference qu'il y a, c'est qu'au lieu de Carpe, l'on se sert de Brochet pour faire les Coulis; & au lieu de laitance, on prend quelques filets de Brochets. Une autre fois vous avez des coquilles d'Ecrevices bien pilées; tirez toutes vos viandes, & vôtre poisson du coulis, & y mettez vos Ecrevices pilez, & le passez à l'étamine. Si vous voulez, vous pouvez faire un petit hachis de Brochet avec quelques blancs de perdrix, un peu de coulis, & mettez celà dans un plat d'argent, & le faite atacher: vos Dindons étant cuits, tirez-les, & les débardez; dressez-les sur ce hachis; ayez des queuës d'Ecrevices, mettez-les dans vôtre coulis, & quelques filets de Brochet, pour marquer qu'ils sont à la sausse au Brochet, mettez le tout sur vôtre Dindon: voyez qu'il soit de bon goût, & servez chaudement pour Entrée.

Dindon à la Braise.

Prenez un Dindon, épluchez-le, & le vuidez, troussez les cuisses en dedans le corps, piquez-le de gros lard, comme la moitié du petit doigt, assaisonnez-le de sel, poivre, fines herbes, fines épices; ensuite, lardez vôtre Dindon, & le ficelez; prenez une braisiére, garnissez-le de bardes de lard & de veau, & y mettez vôtre Dindon assaisonné de sel, de poivre, de bazilic, thin, laurier, ognons, un peu d'ail; achevez de le couvrir, & le mouillez d'un verre de vin, d'une cuillerée ou deux de bouillon; mettez-le cuire feu dessus & dessous: étant cuit, dressez-le dans son plat, & y mettez une sausse hachée par-dessus, ou un ragoût de ris de veau, crêtes, champignons, ou une essence de jambon, ou un ragoût d'huitres. Celà dépend du goût de l'Officier, pourveu qu'il soit de bon goût, & servez chaudement pour Entrée.

Dindons aux gros Ognons.

Prenez un Dindon, habillez-le, comme celui ci-devant, bardez-le, mettez-le à la broche, & l'arrosez de bon beurre. Prenez de gros Ognons, coupez-les en tranches, mettez-les dans une casserole avec un morceau de beurre, & ensuite, sur le feu: étant de belle couleur, poudrez-le d'une pincée de farine, mouillez-le de jus, assaisonnez-le, & le dégraissez bien: s'il n'est pas assez lié, mettez-y un peu de vôtre coulis. Vôtre Dindon étant cuit, tirez-le, & le dressez dans son plat; voyez que le ragoût d'Ognon soit

soit de bon goût, & le mettez par-dessus, & un jus de citron, & servez chaudement pour Entrée.

Dindons en Crépines.

Prenez des Dindons, épluchez-les, vuidez-les, & les mettez à la broche; étant cuits, laissez-les refroidir, pour faire la farce; prenez un morceau de roüelle de veau; ôtez-en la peau, & le mettez en morceaux, avec un morceau de lard, une tetine de veau, un morceau de graisse de bœuf, quelques champignons, persil, ciboule, fines herbes, fines épices, sel, poivre; mettez le tout dans une casserole sur le feu à suer, aux environs d'un quart d'heure; ensuite, mettez cette viande sur la table, & hachez bien le tout; ensuite, prenez les estomacs de vos Dindons, & les hachez avec l'autre viande, & un morceau de mie de pain cuite dans du lait. Mettez dans vôtre farce six jaunes d'œufs crus; foüettez trois blancs en nége, & mettez le tout dans le mortier avec vôtre farce. Il faut avoir un petit ragoût de ris de veau, crêtes, champignons, queuës d'artichaux, coupez en filets; ayez de la Crêpine de veau ou de mouton; ayez autant de morceaux de Crêpine que de Dindons; mettez un morceau de Crêpine dans une tourtiére, & y mettez vôtre Dindon ensuite de vôtre farce; laissez un trou au melieu pour y mettre un ragoût, & achevez de le couvrir, pliez la Crépine tout autour de vôtre Dindon, & le mettez cuire au four; étant cuit, dressez le dans son plat, avec une essence de jambon, & servez chaudement pour Entrée.

Din-

Dindon à la Polonoise au Safran.

Prenez un Dindon, vuidez-le & habillez-le, & le mettez à la broche, pliez de bardes de lard, & de papier ; prenez des ognons, coupez-les par tranches en quantité, & les faites cuire dans une casserole avec du boüillon, le plus blanc que vous pourrez ; étant bien cuit, passez-les à l'étamine, mettez-les dans une casserole, & s'ils sont trop liez, mettez-y du boüillon : Il faut qu'ils soient liez comme une essence de jambon ; ensuite, prenez du Safran, faites-le bien piler, & secher ; mettez-le dans un gobelet, ou ce que vous jugerez à propos, une bonne pincée, & y mettez un peu de boüillon chaud, délayez-le bien ; & en mettez dans vôtre coulis peu à peu, jusqu'à ce que vous voyez que la couleur soit belle ; il ne faut pas qu'elle domine trop ; tirez vôtre Dindon de la broche, levez-en les aîles, & les cuisses, mettez-les dans le coulis, & servez chaudement pour Entrée. Une autrefois vous pouvez prendre des racines de persil, & les couper en filets ; faites les cuire, & y ajoûtez vôtre même coulis que ci-devant, & le Safran ; au lieu de mettre vôtre Dindon à la broche, vous le mettez cuire dans la marmite, un quart d'heure sufit ; si elle est fine, depêcez-le, & le dressez dans le plat où vous voulez servir ; vous mettez vôtre coulis de racine de persil par-dessus, & servez chaudement pour Entrée.

Dindons ou Chapons à l'Angloise.

Prenez un Dindon, flambez-le, épluchez-le, vuidez-le, & troussez-le ; prenez une marmite ou ou pot de terre, mettez-y de l'eau suffisamment pour que vôtre Dindon puisse tremper ; mettez vôtre pot sur le feu avec une poignée de sel, & quand vôtre eau boüillira, vous y mettez vôtre Dindon. Prenez garde qu'il ne cuise pas trop ; mettez un morceau de beurre dans une casserole, ou un pot de terre, avec une pincée de farine, muscade, poivre, sel, & des huitres, s'il y en a ; mettez vôtre casserole sur le feu, & lié vôtre sausse. Cette sausse étant liée, & de bon goût, tirez vôtre Dindon, & le dressez dans son plat avec vôtre sausse aux huitres par-dessus. Une autre fois, vous prendrez une pincée de persil, quelques verts de ciboules, un peu de beaume, un peu d'estragon, si vous en avez ; si vous n'avez que du persil, vous ne ferez pas moins la sausse ; mais, si vous avez des anchois, vous en hacherez un couple que vous mettrez dans la sausse ; vous couperez la moitié d'un citron, après en avoir levé la peau en petit dez ; vous y pressez l'autre moitié, & vous mettez un morceau de beurre avec une pincée de farine, & un peu d'eau, du sel, du poivre, & faites cuire vôtre sausse ; vôtre Dindon étant cuit, dressez-le avec vôtre sausse par-dessus. Une autre fois, vous mettrez de la chicorée avec vôtre Dindon, & lorsqu'elle sera cuite, vous lui donnerez trois ou quatre coups de couteau, & vous la mettez dans une casserole, avec un morceau de beurre, & une pincée de farine, & la mettez sur le feu ; ensuite, moüillez-la d'un peu de boüillon où a cuit vôtre Dindon : si elle n'est pas liée comme il faut, vous y mettrez une liaison d'œufs. Une autre fois, vous le mettez aux ognons, en les faisant cuire avec vôtre Dindon, vous les mettez dans une casserole, ou terrine

avec

avec un morceau de beurre, sel, poivre, mettez-les sur le feu avec un peu de bouillon, où a cuit vôtre Dindon, avec un morceau de beurre, manié avec de la farine, & la liée d'une liaison, & servez chaudement pour Entrée.

Dindons aux Anguilles.

Prenez un Dindon, flambez-le, épluchez-le, & le vuidez; prenez son foie, ôtez-en l'amer, & le hachez avec du persil, ciboule, champignons, fines herbes, fines épices, sel, poivre, lard rapé, un morceau de beurre, mettez le tout dans le corps de vôtre Dindon, & le faites refaire dans une casserole avec un morceau de beurre, persil & ciboule, mettez-le ensuite à la broche, pliez de bardes de lard & de papier; prenez des Anguilles, & les écorchez, coupez-les en tronçons de six pouces de longs, & les faites piquer de petit lard, étant piquez, prenez du vin blanc & y mettez vos Anguilles pour les faire boüillir un boüillon. Ayez une glace de veau, & faites comme ceci. Prenez du veau, du jambon, du bon boüillon, & faites bien boüillir, jusqu'à ce que vôtre veau soit bien cuit, cela étant cuit, passez le boüillon sur un fourneau, & le faites reduire jusqu'à ce que le jus se rende en caramel; ensuite, mettez-y vos tronçons d'Anguilles, & les mettez sur une cendre chaude cuire doucement, avec un peu de feu dessus. Vos Dindons étant cuits, debardez-les, dressez-les dans leur plat, & y mettez une essence de jambon; garnissez le plat de vos tronçons, & servez chaudement pour Entrée. Une autre fois, au lieu de les piquer de petit lard, vous n'avez qu'à les piquer de gros lard de travers

vers en travers, & les mettre cuire dans une petite braise blanche, faites avec des bardes de lard, du poivre, sel, bazilic, tranches d'ognons, un couple de verre de vin blanc. L'Anguille étant cuite, & ferme, prenez une essence de jambon, tirez vos Anguilles de la braise, mettez-les dans vôtre essence; vos Dindons étant cuits, dressez-les avec les tronçons d'Anguilles, autour un jus de citron dans l'essence, & mettez par-dessus, & servez chaudement pour Entrée.

Dindon boüilli à l'Angloise au Celeri.

Vôtre Dindon étant bien épluché & flambé, vuidé & troussé les ailes en dessous, & les cuisses de même, mettez le foie à l'aile, & le gigier à l'autre, & le faites dégorger à l'eau fraiche; & ensuite, faite-le blanchir à l'eau boüillante, & observez qu'il soit bien blanc; ensuite, poudrez-le de farine, & le couvrez de bardes de lard & de papier, & le plier dans une serviette, & le faites cuire à l'eau & au sel: il faut prendre garde qu'il ne cuise pas trop. Prenez du Celeri la quantité que vous jugerez à propos, & le coupé long de la moitié du doigt, & le faites cuire; étant cuit, marquez-le dans une casserole, avec un bon morceau de beurre, assaisonné de poivre, de sel, muscades, & pressez-y un jus de citron, & y mettez un peu de coulis, où au lieu de coulis, vous n'avez qu'à mettre dans une casserole une cuillerée de bon boüillon, avec un morceau de mie de pain, & le faire bien mitonner; & ensuite, le blanc d'un poulet bien pilé, & le mettez dans la casserole avec la mie de pain; & observerez qu'il soit d'un bon goût,

&

& le passerez à l'étamine. Observez aussi qu'elle soit bien blanche, & la mettez avec vôtre Celeri. Vôtre Dindon étant cuit, dressez-le proprement dans son plat, & mettez le Celeri pardessus avec un jus de citron. Vous pouvez servir, Poulets, Poulardes, Chapons, Pigeons, Carcelles ou autres viandes de boucherie que l'on trouvera à propos, de sa même maniére.

Dindons en Chausson.

Ayez un Dindon bien flambé & épluché, fandez-le sur le dos, & en tirez tous les os; & ensuite, mettez-y une petite farce de volaille; & ensuite, un petit salipicon, & ensuite, un peu de farce par-dessus, garnissez une casserole de lard & tranches de veau, & y mettez vôtre Dindon; étant assaisonné de poivre, sel, bazilic, couvrez-le dessus comme dessous, & le faites cuire feu dessus & dessous; observez qu'il soit bien blanc. Etant cuit, dressez-le dans son plat, & y mettez une essence pardessus, & servez-le chaudement pour une Entrée. Vous pouvez faire de même des Chapons, Poulardes, Poulets, & autres Volailles.

CHA-

CHAPITRE VI.

Des Entrées de Grives, Vaneaux, Sarcelles, & Tourterelles.

Entrée de Fricassée de Grives à la Moscovite.

PRenez des Grives, plumez-les, & les épluchez bien proprement, troussez-les, & leur écrasez l'estomac: ensuite, mettez-les dans une casserole avec un peu de lard fondu, un bouquet, un couple de petits ognons, champignons, truffes, si vous en avez, quelques morceaux de ris de veau, & de mousserons; mettez vôtre casserole sur un fourneau, passez vos Grives quelques tours, & les moüillez d'un couple de verre d'eau-de-vie; poussez-les à grand feu, & les remuez de tems en tems: Quand le feu en est étaint, mettez-y un peu de jus & de coulis, & les laissez mitonner tout doucement. Etant cuites, ayez soin de les bien dégraisser, & observez qu'elles soient d'un bon goût; mettez-y un jus de citron: dressez-les dans le plat que vous voulez servir, & servez chaudement pour Entrée. Vous les pouvez couper en deux, celà dépend de l'Officier qui travaille, & en faire de même à toutes sortes d'Oiseaux.

Entrée de Grives au vin de Champagne.

Prenez des Grives, plumez-les & les épluchez bien proprement ; troussez-les, & leur écrasez l'estomac : ensuite, mettez-les dans une casserole avec un peu de lard fondu, un bouquet, deux petits ognons, champignons, truffes, si vous en avez ; quelques morceaux de ris de veau & des mousserons : mettez vôtre casserole sur un fourneau ; passez vos Grives quelques tours, & les moüillez de deux verres de vin de Champagne. Après leur avoir fait passer quelques tours, mettez-y un peu de jus & de coulis, & les laissez mitonner tout doucement sur le feu : étant cuites, ayez soin de les bien dégraisser, & observez qu'elles soient d'un bon goût ; mettez-y un jus de citron, dressez-les dans leur plat, & servez chaudement pour Entrée.

Entrée de Grives au Genévre.

Vos Grives étant plumées, épluchées & troussées, comme celles ci-dessus, mettez-les sur un petit hâtelet, & les couvrez de bardes de lard & de papier ; attachez-les ensuite sur une broche, & les faites cuire. Mettez dans une casserole un peu de jus & de coulis, un verre de vin blanc ; faites-le boüillir, observez qu'il soit d'un bon goût, & y mettez un jus de citron. Ensuite, faites blanchir, une douzaine de grains de Genêvre ; étant blanchis, mettez-les dans vôtre coulis. Vos Grives étant cuites, tirez-les, ôtez-en les bardes de lard & le papier ; puis mettez-les mitonner quelque tems dans vôtre coulis : étant prêt à servir, dressez-les dans leur plat ;

plat; dégraissez bien le coulis, & servez chaudement pour Entrée.

Entrée de Grives à la Païsanne.

Prenez des Grives, plumez-les, épluchez-les & les troussez proprement: Embrochez-les sur un petit hâtelet, & les attachez sur une broche. Ensuite, mettez-les au feu, prenez un morceau de lard grand comme deux doigts, & l'envelopez de papier; mettez-le au bout d'une brochette; mettez-y le feu, & faites tomber le lard en flammes sur vos Grives. Quand il ne tombera plus de flammes de lard; poudrez vos Grives de sel, & les panez de mie de pain. Hachez quelques échalottes, & les mettez dans une casserole ou plat, & du sel, & du poivre avec un peu de jus; si vous n'avez point de jus, mettez-y de l'eau, un morceau de beurre, un jus de citron, ou de verjus; & faute de l'un & de l'autre, du vinaigre. Mettez la sausse dans le plat où vous voulez servir vos Grives, & ensuite vos Grives par-dessus, & servez chaudement pour hors-d'œuvre.

Les Grives se servent ordinairement plûtôt pour rôt que pour entrée.

Entrée de Vanneaux à la Moscovite.

Prenez des Vanneaux, plumez-les, flambez-les, vuidez-les, troussez-les, épluchez-les proprement; coupez-les en deux, & les mettez dans une casserole, avec un peu de lard fondu, un bouquet, deux petits ognons, champignons, truffes, si vous en avez, quelques morceaux de ris de veau; & des mousserons; mettez-les sur

 le

le feu, passez-les quelques tours, & les moüillez d'un couple de verres d'eau-de-vie, poussez-les à grand feu, & les remuez de tems en tems; quand le feu en est éteint, moüillez-les d'un peu de jus, & les laissez mitonner tout doucement: Etant cuites, ayez soin de les bien dégraisser & les liez de vôtre coulis; observez qu'ils soient d'un bon goût, & y mettez un jus de citron. Dressez-les dans leur plat, & servez chaudement pour Entrée.

Vous les pouvez servir entieres si vous voulez; cela dépend de l'Officier qui travaille; vous pouvez faire de même de toutes sortes de Gibiers.

Entrée de Vanneaux au Vin de Champagne.

Prenez des Vanneaux, plumez-les, flambez-les, vuidez-les, épluchez-les, & les troussez proprement; coupez-les en deux, & les mettez dans une casserole avec du lard fondu, un bouquet, deux petits ognons, des Champignons, truffes, si vous en avez, quelques morceaux de ris de veau, & des mousserons: Mettez-les sur le feu, passez-les quelques tours, & les moüillez d'un couple de verres de vin de Champagne; Après leur avoir fait passer quelques tours, mettez-y un peu de jus & de coulis, & les laissez mitonner tout doucement sur le feu: étant cuites, ayez soin de les bien dégraisser, & observez qu'ils soient d'un bon goût; mettez-y un jus de citron, dressez-les dans leur plat, & servez chaudement pour Entrée.

Entrée de Vanneaux à la Païsanne.

Prenez des Vanneaux, plumés, flambés, vuidez,

dez, épluchés & troussés proprement: embrochez-les sur un petit hâtelet, & les attachez sur une broche; ensuite, mettez-les au feu; prenez un morceau de lard grand comme deux doigts, & l'envelopé de papier; mettez-le au bout d'une brochette, & le faites allumer au feu; laissez-le tomber en flammes sur vos Vanneaux, quand il ne tombera plus de flammes de lard, poudrez vos Vanneaux de sel, & les poudrez d'une mie de pain. Hachez quelques échalottes, & rocambolles, & les mettez dans une casserole ou plat, avec du sel, poivre, & un peu de jus; si vous n'avez point de jus, mettez-y de l'eau, un morceau de beurre, un jus de citron, ou de verjus; & faute de l'un & de l'autre, du vinaigre. Mettez la sausse dans le plat où vous voulez servir vos Vanneaux, ensuite vos Vanneaux pardessus, & servez chaudement.

Sarcelles aux Olives.

Prenez des Sarcelles, flambez-les, épluchez-les, & les vuidez, prenez-en les foies, hachez-les avec du persil, ciboule, fines herbes, champignons, du lard rapé, un morceau de beurre, mêlez le tout, & le mettez dans les corps de vos Sarcelles, & les faites refaires dans une casserole, avec un morceau de beurre, persil, ciboule; ensuite, mettez-les à la broche, envelopées de bardes de lard, & de papier. Prenez des Olives, tirez-en les noyaux, & faites blanchir vos Olives: étant blanchies, mettez-les dans une casserole avec un peu de coulis, un peu d'essence de jambon, & un peu de jus; faites-leur faire un bouillon. Vos Sarcelles étant cui-

cuites, débrochez-les, débardez-les, & les dressez dans leur plat, avec vos Olives par-dessus, & servez chaudement pour Entrée.

Sarcelles à l'Echalotte.

Prenez des Sarcelles, habillez-les comme celles ci-devant; prenez des Echalottes, hachées bien menu; mettez-les dans une casserole avec un peu de jus, un peu de coulis, poivre, sel; faites leur faire un bouillon. Vos Sarcelles étant cuites, tirez-les, & les dressez dans leur plat, & mettez vôtre sausse à l'Echalotte par-dessus, avec un jus de citron, & servez chaudement pour Entrée.

Sarcelles au jus d'Orange.

Habillez vos Sarcelles comme celles ci-devant; prenez un couple d'Oranges, & levez-en une quantité de zestes; ajoûtez-y un peu d'essence de jambon, un peu de jus, une pincée de poivre concassé; faites chauffer le tout, & y pressez vos jus d'Oranges: observez qu'il soit de bon goût. Vos Sarcelles étant cuites, tirez-les de la broche, dresses-les dans leur plat, avec vôtre sausse par-dessus, & servez chaudement pour petite Entrée, où hors d'œuvre. Vous pouvez y joindre des échalottes, & rocamboles écrasées, & ne point faire bouillir vos zestes d'Oranges, de crainte que cela ne cause une amertume dans vôtre sausse.

Sarcelles aux Truffes.

Prenez des Sarcelles, flambez-les & les vuidez;

dez; hachez-en les foies avec du lard rapé, un morceau de beurre, fines herbes, Truffes, persil, ciboule; mêlez le tout, & le mettez dans le corps de vos Sarcelles, & les faites refaires dans une casserole, avec un morceau de beurre, persil & ciboule: étant refaites, mettez-les à la broche envelopées de bardes de lard, & de papier; prenez des Truffes; ôtez-en la peau, lavez-les bien, à cause du sable, coupez-les en tranches, mettez-les dans une casserole, avec de bon jus, coulis, essence de jambon, un demi verre de vin de champagne; faites-les cuires tout doucement: étant cuites, mettez-y un jus de citron: vos Sarcelles étant cuites aussi, tirez-les de la broche, debardez-les, & les dressez dans leur plat avec vôtre ragoût de Truffes par-dessus, & servez chaudement pour Entrée.

Sarcelles aux Huitres.

Habillez vos Sarcelles comme celles ci-devant, excepté que vous n'y mettez point de truffes dans le corps; mettez-les à la broche avec des bardes de lard, & de papier: ensuite, prenez des Huitres, faites-les blanchir; étant blanchies, ôtez-en les durillons; mettez du coulis d'essence de jambon, & du jus dans une casserole, & voyez qu'il soit d'un bon goût; ensuite, mettez vos Huitres dedans, & prenez garde qu'elles ne bouillent point. Vos Sarcelles étant cuites, débardez-les, & les mettez dans leur plat avec vôtre ragoût d'Huitres par-dessus, & servez chaudement pour Entrée.

Autres Sarcelles aux Huitres.

Prenez des Sarcelles, flambez-les, épluchez-les,

les, & les vuidez, hachez-en les foies avec persil, ciboule, lard rapé, un bon morceau de beurre, poivre, sel : ayez des Huitres blanchies, que vous mettrez avec le tout, & le metterez dans le corps de vos Sarcelles. Mettez-les à la broche avec bardes de lard, & de papier; prenez des Huitres, faites-les blanchir dans leur eau, que vous passerez dans un tamis; mettez dans une casserole un peu de leur propre eau, un bon morceau de beurre, du sel, poivre, muscade, une pincée de farine, un filet de vinaigre. Vous metterez vôtre Sausse sur le feu pour la lier; étant liée, mettez-y vos Huitres: observez qu'elles soient d'un bon goût. Tirez vos Sarcelles de la broche, débardez-les & les dressez dans leur plat avec vôtre ragoût d'Huitres par-dessus, & servez chaudement pour Entrée. Une autre fois, vous pouvez mettre du persil blanchi & haché avec des citrons coupez en petits dez, avec un anchois haché.

Sarcelles aux Cardons d'Espagne.

Prenez des Sarcelles, flamblées, épluchées & vuidées, hachez-en les foies avec persil, ciboule, lard rapé, du beurre, poivre, sel fines herbes, fines épices; faites-en remplir les corps de vos Sarcelles, & arrêtez les deux bouts; faites-les refaire: ensuite, mettez-les à la broche, envelopées de bardes de lard, de papier. Ayez des Cardons d'Espagne cuits; tirez-les de leur braise, & les nettoyez bien proprement; mettez-les dans une casserole, avec une bonne essence de jambon: faites leurs faire un bouillon, dégraissez-le bien; mettez-y un jus d'orange, & du citron. Vos Sarcelles étant cuites, débar-

dez-

dez-les, & les dreſſez dans leurs leur plat avec vôtre ragoût de Cardons par-deſſus, & ſervez chaudement pour Entrée.

Sarcelles à la Braiſe.

Prenez des Sarcelles, flambées, épluchées, & vuidées; trouſſez les pattes en dedans le corps, & les lardez de gros lard; mettez-les cuires dans une petite Braiſe: étant cuites, faites une ſauſſe hachée avec un peu de champignons, truffes, ciboule, câpres, anchois; moüillez-là d'un coulis; & vos Sarcelles étant cuites, tirez-les, égoûtez-les, & les dreſſez dans leur plat, avec vôtre ſauſſe hachée par-deſſus, & ſervez chaudement pour Entrée. Une autre fois, vous faites un ragoût de ris de veau, & champignons, ou bien un ragoût de concombres, ou de celeri. On les peut faire cuire ſans les larder.

Tourterelles à la d'Huxelles.

Prenez des Tourterelles, flambées, épluchées & vuidées; prenez une caſſerole, garniſſez le fond de tranches de veau & de jambon bien minces, un ognon coupé en tranches; prenez autant d'écrerices que de Tourterelles; coupez-leurs les petites pattes; rangez vos Tourterelles dans vôtre caſſerole, & entre chaque Tourterelle, une écrevice; enſuite, hachez du perſil, ciboule, lard rapé, quelques foies de poularde, ou de poulets, champignons, truffes, ſel, poivre, fines herbes, & fines épices, mêlez le tout, & le mettez dans le corps de vos Tourterelles, & les aſſaiſonnez de ſel, poivre, baſilic, feüilles de laurier; achevez de les couvrir ſur chaque Tourterelle d'un petit morceau de jambon; & ensuite, des bardes de veau; couvrez-les bien, & les mettez cuire feu dessus & dessous. Etant cuites, tirez vos Tourterelles & vos écrevices; & mettez dans vôtre casserole une demi cuillierée d'essence, & du jus & du coulis; faites-le boüillir un moment, dégraissez-le bien, passez-le dans un tamis de soie; mettez-y un jus de citron, & dressez vos Tourterelles dans leur plat; entre chaque Tourterelle, une écrevice, & vôtre petit coulis par-dessus, & servez chaudement pour Entrée.

Tourterelles au vin de Champagne.

Prenez des Tourterelles acommodées comme ci-dessus; mettez-les cuire tout de même; la difference qu'il y a, c'est qu'il faut les moüiller de deux verres de vin de Champagne, & quelques tranches de citron; étant cuites, retirez-les, tenez-les chaudement, & mettez dans la casserole où elles ont cuit, une demi cuillierée d'essence & de jus, & de coulis, avec deux verres de vin de Champagne, & une gousse d'ail; faites bien boüillir le tout, que cela soit lié comme il faut, & de bon goût; passez-le dans un tamis de soie; dressez vos Tourterelles dans leur plat, & mettez vôtre coulis par-dessus, & servez chaudement.

Tourterelles à l'Italienne.

Prenez vos Tourterelles, vuidées & troussées; prenez quelques foies de volailles, avec quelques ciboules, lard rapé, le tout bien haché; mettez-le dans le corps de vos Tourterelles.

les. Mettez dans une petite casserole des petites tranches de jambon, de veau & d'ognons. Arrangez vos Tourterelles dedans, & les assaisonnez comme ci-dessus; mettez-y quelques tranches de citron, quelques gousses d'ail, un peu d'huile; achevez de les couvrir, & les mettez cuire feu dessus & dessous. Vos Tourterelles étant cuites, tirez-les, & mettez dans cette casserole un peu de bon jus, de l'essence de jambon, un verre de vin de Champagne; & faites boüillir le tout; qu'il n'y reste point d'huile du tout, & le passez dans un tamis de soie; dressez vos Tourterelles dans leur plat, & mettez vôtre sausse par-dessus, & servez chaudement pour Entrée.

Tourterelles au Gratin.

Prenez des Tourterelles, flambez-les, épluchez-les, & vuidez-les; prenez ensuite une Casserole, & la garnissez de bardes de lard, & de tranches de veau, avec quelques petites tranches de jambon, & y arrangez vos Tourterelles. Prenez-en les foies, & les hachez avec un peu de lard rapé, persil bien haché, ciboule, sel, poivre, fines épices, fines herbes; hachez bien le tout, & en remplissez les corps de vos Tourterelles. Observez qu'il faut les fendre par-dessus le dos, & les assaisonnez de sel, poivre, basilic, ognons; achevez de les couvrir dessus comme dessous, & les mettez cuire feu dessus & dessous tout doucement. Prenez quelques foies de perdreaux, si vous en avez, ou bien quelques foies d'autres volailles que ce soit; hachez-les bien, & les mettez dans le plat où vous voulez servir, avec un peu de coulis; mê-

lez

lez bien le tout ensemble, & mettez le plat sur un petit fourneau, ôtes vos Tourterelles du feu, & les tirez égoûter; & les mettez dans leur plat, & les faites bien attacher au gratin. Etant attachées comme il faut, mettez une essence de jambon par-dessus, & servez chaudement pour petite Entrée, ou pour hors d'œuvre.

Tourterelles au Fenoüil.

Prenez des Tourterelles, épluchez-les, & les vuidez; hachez-en les foies avec du lard rapé, persil, ciboule, champignons, une pincée de Fenoüil bien haché, un morceau de beurre, sel, poivre; le tout étant bien haché, mettez-le dans le corps de vos Tourterelles, & les faites refaire dans une casserole avec un morceau de beurre. Embrochez-les ensuite, & les enveloppez de bardes de lard, & de papier, & les faites cuire. Prenez après cela une casserole, où vous mettrez une pincée de Fenoüil, & faites-le boüillir un moment, afin que le coulis ait le goût de Fenoüil. Vos Tourterelles étant cuites, tirez-les & les débardez; dressez-les ensuite dans leur plat, mettez la sausse par-dessus, & servez chaudement, pour petite Entrée.

Tourterelles au Laurier.

Prenez des Tourterelles, flambez-les, épluchez-les, & les vuides; prenez une petite casserole; garnissez-là de veau & de bardes de lard; mettez-y vos Tourterelles, & les assaisonnez de fines herbes, feüilles de Laurier, persil, ognon en tranches; achevez de les couvrir, faites-les cuire feu dessus & dessous; prenez

nez aux environs d'une demi douzaine de feüilles de Laurier verd, & les faites blanchir à l'eau boüillante. Prenez ensuite une bonne essence de jambon, & la mettez dans une casserole avec vos feüilles de Laurier. Vos Tourterelles étant cuites, égoûtez-les, & les dressez dans leur plat; mettez-y vôtre coulis, & les feüilles de Laurier par-dessus, avec un jus de citron, & servez chaudement pour Entrée. Une autre fois, vous pouvez mettre à la broche, vos Tourterelles, garnies de bardes de lard, avec le même coulis.

CHA-

CHAPITRE VII.

Des Bécasses, Bécassines, Oies & Aloüettes.

Bécasses au Vin, pour Entrée.

IL faut prendre les Bécasses, & les couper en quatre, en ôter le dedans pour faire une liaison; mettez ensuite vos Bécasses dans une casserole avec des truffes, que vous couperez par tranches, des ris de veau, des champignons, des mousserons, & passez le tout ensemble, avec lard fondu, & le mouillez de bon jus de bœuf: assaisonnez le tout de sel, poivre, ciboule, & y mettez deux verres de vin, faites bien boüillir le tout; & quand celà est bien cuit, on délaye dans la sausse le dedans des Bécasses, que l'on a reservez pour lier la sausse; ou bien, on se sert du coulis de Bécasses, ou de quelques autres bons coulis, que l'on a; on peut aussi mettre une cuillierée d'essence de jambon, le tout bien dégraissé. Rangez vos Bécasses dans le plat, le ragoût par-dessus, & pressez un jus d'orange avant que de servir chaudement.

Salmi de Bécasses au Vin.

Faites rôtir des Bécasses, & quand elles seront

ront à moitié cuites, coupez-les en pièces, & mettez-les dans une casserole avec du Vin, selon la quantité de Bécasses que vous aurez. Mettez-y des truffes, si vous en avez, & des champignons hachez, un peu d'anchois, & de câpres; faites cuire le tout, où lié la sausse avec quelque bon coulis: on dresse ensuite les Bécasses, & on les tient chaudes, sans qu'elles boüillent. Auparavant que de servir, vous les dégraisserez bien, & vous y presserez un jus d'orange, & servirez chaudement.

Bécassines en Sur-tout.

Il faut avoir une farce cuite, de laquelle vous ferez un bord dans le même plat que le Sur-tout doit être servi. Vos Bécassines étant cuites à la broche, vous en ferez un salmi que vous laisserez refroidir avant de le mettre dans le plat; ensuite, vous le couvrirez du reste de vôtre farce, que vous dorerez, & panerez proprement; & les metterez cuire au four de belle couleur; puis, vous les servirez chaudement.

Bécasses aux Olives.

Prenez des Bécasses, les épluchez bien proprement, les troussez, & les couvrez de bardes de lard, mettez-les sur un hâtelet, & les attachez sur une broche, & les faites cuire; prenez des Olives, tirez-en les noyaux, faites-les blanchir: étant blanchies, mettez-les dans une casserole avec une pleine cuilliere à bouche de bonne huile, & les passez un moment sur le feu, & les moüillez du jus & coulis; ayez soin de les bien dégraisser, qu'il ne reste pas une goûte d'huid'huile. Vos Bécasses étant cuites, tirez-les, & les dressez dans leur plat; observez que vôtre ragoût d'Olives soit d'une bon goût, & le mettez dessus vos Bécasses, & servez chaudement pour Entrée.

Autres Bécasses aux Huitres.

Prenez des Bécasses, & les épluchez bien proprement, & les vuidez; prenez les entrailles, & hachez-les avec du persil, ciboucle, fines herbes, fines épices, champignons, si vous en avez, & truffes, lard rapé, mettez-y une douzaine d'Huitres; passez le tout un moment sur le feu, & les mettez dans le corps de vos Bécasses, & les bouchez bien de peur qu'elles ne sortent; bardez-les de bardes de lard, & les embrochez sur un hâtelet, & les attachez sur une broche, & les faites cuire. Prenez des Huitres, & les faites blanchir, prenant garde qu'elles ne bouillent, ôtez-en le durillon, & les mettez dans une casserole avec un peu de coulis & d'essence, vos Bécasses étant cuites, tirez-les, & les dressez dans leur plat; faites chauffer vos Huitres, & les mettez par-dessus vos Bécasses, & servez chaudement pour Entrée.

Une autrefois vous pouvez donner vos Huitres au blanc, comme ceci. Prenez une casserole, & y mettez un bon morceau de beurre, une pincée de persil, blanchi, & haché, de la muscade, du poivre concassé, la moitié d'un citron coupé en petit dez, un anchois hachez, & y mettez vos Huitres, ensuite sur le feu, pour lier vôtre sausse; observez qu'elle soit d'un bon goût, & la mettez par-dessus vos Bécasses ou Bécassines, ou pour autres Volailles que vous jugerez à propos.

En-

Entrée d'Oisons aux petits Pois.

Prenez un couple d'Oisons, & les échaudez; étant échaudez, & bien épluchez, vuidez les, & n'en coupez pas le bouton : Etant vuidez, tenez-les dans de l'eau fraiche; ensuite, faites blanchir une demi-douzaine de laitues pommées; étant blanchies, mettez-les dans de l'eau fraiche, & les pressez bien. Après celà, coupez-les par morceaux; prenez une casserole, & y mettez un bon morceau de beurre, de la ciboule, & du persil haché, quelques champignons aussi hachez, si vous en avez. Mettez vôtre casserole sur le feu, & passez-les quelques tours; ensuite, mettez-y vos laitues, & les assaisonnez de sel, & de poivre, fines herbes, & fines épices; faites leur faire quelques tours sur le feu; tirez vos Oisons de l'eau, & mettez vos laituës dans le corps. Prenez ensuite une casserole, garnissez-là de quelques bardes de lard, tranches d'ognon, & de veau; mettez-y vos Oisons, & les assaisonnez de sel, poivre, basilic, thin, branche de laurier, & de clous : couvrez-les dessus comme dessous; moüillez-les d'une cuillerée de boüillon ou d'eau; couvrez ensuite vôtre casserole, & les mettez cuire tout doucement, feu dessus, & dessous. Après celà, prenez une livre de roüelle de veau, & la coupez par tranches; mettez-les dans une casserole avec quelques tranches de jambon, ognons, quelques morceaux de carotes; mettez-les suer sur le feu; étant attachez, moüillez-les de boüillon. Prenez une casserole, mettez-y un morceau de beurre, du persil, & deux copes ou litrons de Pois; mettez-les ensuite sur le feu, & ayez soin de les remuer de tems en tems. Etant cuits, faites-les piler;

étant pilez, mettez-les dans la casserole ou est vôtre veau; observez que vôtre coulis soit d'un bon goût, & assez lié, & le passé ensuite à l'étamine. Etant passez, remettez-le dans une casserole ; prenez une cope de petits Pois, ou un litron, & les faites cuire ; étant cuits, mettez-les dans vôtre purée verte. Ensuite, vos Oisons étant cuits, tirez-les, égoûtez, dressez-les dans leur plat ; mettez vôtre purée par-dessus, & servez chaudement pour Entrée. Une autre fois vous pouvez faire cuire vos Oisons de même, & mettre simplement par-dessus un ragoût de petits Pois.

Entrée d'Oies aux Marrons, & aux Saussices.

Prenez une Oie, abattez-en les aîles, flambez-là, & l'épluchez bien proprement : ensuite, vuidez-là. Après celà, prenez des Marrons, & en ôtez la grosse peau; ensuite, faites les cuire à la braise, pour en pouvoir ôter la petite peau : celà étant fait, prenez le foie de vôtre Oie, ôtez-en l'amer, & le faites hacher avec un morceau de lard; assaisonnez-le de poivre, de sel, fines herbes, fines épices, champignons, & truffes, si vous en avez, & un bon morceau de beurre; ensuite, mettez cette farce dans une casserole avec vos Marrons; mêlez bien le tout ensemble, & le mettez dans le corps de vôtre Oie avec quelques petites Saussices : mettez vôtre Oie à la broche, & la faites cuire en l'arrosant de beurre. Prenez ensuite des Marrons, ôtez-en la grosse peau, & les faites cuire dans de la braise, ou sous un couvercle de tourtiére; étant cuits, ôtez-en la petite peau, & les mettez dans une casserole pour les faire cuire encore; ensuite, ôtez-

en

en le bouillon, & y mettez de bon coulis. Vôtre Oie étant cuite, tirez-là; & la mettez dans son plat avec vôtre ragoût de Marrons par-dessus, & servez chaudement pour Entrée.

Entrée d'Oie à la Gascogne.

Prenez une Oie, abattez-en les ailes, flambez-là, & l'épluchez bien proprement, & la vuidez : prenez-en le foie, ôtez-en l'amer, & le faites hacher avec un morceau de lard, & l'assaisonnez de sel, poivre fines herbes, fines épices, champignons, & truffes, si vous en avez, un bon morceau de beurre, & une pointe d'ail, pour ceux qui l'aiment; mêlez-le bien avec vos coûteaux, & le mettez dans le corps de vôtre Oie; passez le bouton dans le croupion, de peur que la farce ne sorte; faites-là cuire ensuite à la broche, & l'arrosez de beurre; étant cuite, panez-là de mie de pain: ensuite, épluchez quelques échalotes; hachez-les, & les mettez dans une casserole, avec un peu de jus, du sel, poivre concassé, un couple de rocamboles, un peu de coulis, si vous voulez, & un jus d'orange; faites chauffer le tout un moment, & le mettez dans le plat où vous voulez servir vôtre Oie; tirez ensuite vôtre Oie de la broche, mettez-là dans son plat, & servez chaudement pour Entrée.

Entrée de Cuisses d'Oie.

Ces sortes de Cuisses d'Oies viennent ordinairement de Gascogne; voici la maniére de les finir pour les servir.

Tirez vos Cuisses d'Oie du baril, & les mettez dans une casserole pour en faire fondre la graisse; ensuite, mettez-les sur le gril; étant gril-

grillées, servez-les avec une remoulade. Vous trouverez la maniére de faire la remoulade au Chapitre des Coulis.

Autre façon.

Prenez vos cuisses d'Oie, & les mettez cuire dans une petite braise; ensuite, tirez-les, panez-les, & les faites griller, & les servez avec une remoulade, où un jus à l'échalotte.

Autre façon.

Vos Cuisses d'Oie étant cuites à la braise, comme celles ci-dessus, vous les tirez, égoûtez, & les mettez quelque tems dans une remoulade chaude.

Autre façon.

Tirez vos Cuisses d'Oie du baril, & achevez de les faire cuire dans une casserole avec du lard fondu: ensuite, tirez-les, & les tenez chaudement. Mettez dans la casserole des ognons coupez en gros dez, & leur faites prendre une belle couleur d'or: ensuite, égoûtez la graisse, & jettez un peu de sel, & du poivre concassé sur vos ognons: dressez vos cuisses d'Oie dans le plat ou vous voulez les servir, & mettez vos ognons par-dessus; mettez ensuite, dans la casserole ou vous avez frits vos ognons, un peu de jus, & de vinaigre que vous ferez chauffer un moment. Jettez-les ensuite par-dessus vos ognons, & servez chaudement,

Aloüettes en Ragoût.

Ayant épluchez vos Aloüettes, vous les passez dans un peu de lard, avec un ognon piqué de clous, & la garniture que vous avez à y mettre,

tre, comme truffes, champignons, quelques foies gras, dont vous passez le tout ensemble, & que vous poudrerez d'un peu de farine, si vous n'avez point de coulis; ensuite, vous moüillerez d'un bon jus de bœuf, ou de veau, vous le laisserez diminuer jusqu'au point qu'il faut; vous faites une petite liaison d'un œuf, d'un peu de crême douce, & un peu de persil haché dedans; vous jettez ladite liaison dans la casserole, que vous retournez sur le feu, pour que cela la lie, & la dressez en même tems: mettez un jus de citron, & servez.

Aloüettes en Quaisse.

Prenez des Aloüettes, & les épluchez-bien; ensuite, mettez-les dans une casserole avec un morceau de beurre, quelques ris de veau, champignons, ciboule hachée, persil, assaisonnez de fines herbes, fines épices, sel, poivre; passez-les quelques tours, faites une Quaisse de papier en rond, selon la grandeur de vôtre plat; si vous avez un peu de farce, vous la pouvez mettre au fond de vôtre Quaisse, arrangez-y vos Aloüettes, les couvrez de bardes de lard, & les faites cuire au four, ou bien dessous un couvercle de tourtiére; étant cuites, tirez vôtre Quaisse, & la dressez dans son plat, & arrosez de jus ou de coulis; mettez-y un jus de citron, & servez chaudement pour hors d'œuvre.

Aloüettes à la Sauge.

Prenez des Aloüettes, & les épluchez bien proprement, vuidez-les par le col; c'est-à-dire, de n'en ôter que le gigier. Prenez un petit morceau de jambon cuit, un blanc de volaille, & de Sauge bien hachée, faites bien hacher le tout, &

& le mettez dans le corps de vos Aloüettes. Prenez autant de bardes de lard que vous avez d'Aloüettes, & qu'elles soient assez longues pour faire le tour; mettez un peu de farce, que vous avez mis dans le corps de vos Aloüettes, dessus le bout de la barde, & y mettez une Aloüette, & la pliez de la barde de lard tout autour; continuez à toutes de même, & les arrangez dans une tourtiere, & les faites cuire au four, ou sous un couvercle; étant cuites, dressez-les dans leur plat avec un jus. Une autre fois, vous n'avez que faire de les vuider, vous n'avez qu'à leur donner le goût de la Sauge; c'est-à-dire, leur mettre un petit assaisonnement de la même composition des autres ci-devant, & les pliez d'une petite barde de lard; ensuite, les faire cuire au four ou à la broche; étant cuites, servez-les avec une Sausse à l'Espagnolle dessous, & chaudement.

Moviettes au Gratin coloré de Parmesan.

Prenez des Moviettes bien épluchées, flambées, & troussées, & les mettez dans une casserole avec quelques morceaux de ris de veau, un demi verre de vin de Champagne, un peu de jus, & du coulis; faites-les mitonner quelques tems; ensuite, prenez un plat où vous voulez les servir, & mettez dans le fond du Parmesan rapé; & ensuite, arrangez-y vos Moviettes, & quelques morceaux de ris de veau, avec leur sausse par-dessus, les poudrez de Parmesan, & les faites prendre couleur au four: ayant pris leur couleur, tirez-les, mettez un jus d'orange par-dessus, & les servez proprement. L'on peut mettre, des Pigeons, Poulets, Perdrix, Grives, Bécassines, & Cailles de cette maniére.

CHAPITRE VIII.

Des Perdrix & Perdreaux.

Entrée de Perdreaux en Melon.

PRenez trois Perdreaux, épluchez-les, vuidez-les, trouſſez-les, faites-les refaire, & piquer de petit lard; étant piquez, mettez-les cuire dans une caſſerole avec des tranches de veau & de jambon, un bouquet, & deux petits ognons; moüillez-les de boüillon; étant cuits, tirez vos Perdreaux, & les tenez chaudement; paſſez leur boüillon dans un tamis; de ſoie; remettez-le dans la caſſerole, & le faites tarir, juſqu'à ce qu'il ſe réduiſe en caramel: enſuite, mettez-y vos Perdreaux, couvrez-les, & les tenez ſur une cendre chaude, pour qu'ils ſe glacent plus aiſément: enſuite, mettez à la broche deux autres Perdreaux, un couple de poulets, & une poularde; vos viandes étant cuites, laiſſez-les refroidir à demi. Prenez une caſſerole, mettez-y quelques champignons coupez par morceaux avec quelques truffes, quelques morceaux de ris de veau, & les moüillez d'un peu de jus & de coulis, & d'un verre de vin de Champagne; mettez le tout ſur le feu; & quand vos ris de veau ſeront cuits, achevez de les lier de coulis & d'eſſence de jambon; ajoûtez-y quelques crêtes; prenez les blancs de vos

Perdreaux, poularde & poulets; coupez-les en filets, & les mettez dans vôtre ragoût, & tenez-le chaudement. Aprés celà, prenez un Melon, le meilleur & le plus long que vous aurez pû trouver; ouvrez-le par le milieu de cinq pouces de long, & trois de large; vuidez-le, & n'y laissez de la chair que l'épaisseur d'un doigt; mettez-le cuire dans de bon boüillon pendant un quart d'heure, ou une demi heure, & ayez soin de le remuer de tems en tems. Etant prêt à servir, & vôtre Melon assez cuit, tirez-le, égoûtez-le & l'essuyez bien, & le mettez dans le plat que vous voulez servir. Ensuite, mettez-y vôtre ragoût de filets de poularde, & de Perdreaux, avec vos Perdreaux glacez par-dessus, & servez chaudemeut pour Entrée.

Perdreaux à la Saint Cloux, dans la Saison des jeunes.

Ayez des Perdreaux, épluchez-les bien proprement, vuidez-les, gardez-en les foies; mettez dans le corps de vos Perdreaux du lard rapé, un morceau de beurre, fines herbes, fines épices, sel, poivre, mêlez bien le tout, & le mettez dans le corps de vos Perdreaux avec un petit morceau de canelle; ensuite, mettez-les à la broche; attachez sur un hâtelet & les pliez de bardes de lard, & de papier; prenez une petite casserole, & y mettez, gros comme le poing, de rouelles de veau coupez en petits morceaux, & quelques tranches de jambon; mettez le tout sur le feu, & le laissez attacher; ensuite, moüillez-le avec du boüillon, jus, & du coulis, un verre de vin de de Champagne, quelques tranches de citron, un petit brin de basilic, du thin, une gousse d'ail, & des clous; faites bien cuire vôtre coulis, & le dégraissez bien; étant comme il faut, prenez les foies de vos Perdreaux, & en ôtez l'amer, & les pilez dans un mortier; mettez une goute de boüillon dans le mortier pour bien tirer vos foies, & les mettez dans vôtre coulis; passez-le à l'étamine; mais ôtez auparavant les viandes de vôtre coulis avec une écumoire; voyez que cette petite sausse soit de bon goût, & qu'elle ait de la pointe; vos Perdreaux, étant cuits, tirez-les, & les débardez, dressez-les dans leur plât, ôtez le petit morceau de canelle, que vous avez mis dans le cul; ensuite, mettez vôtre coulis par-dessus, & servez chaudement pour Entrée.

Perdreaux dépecez au Beurre de Venvre, ou autre bon Beurre.

Prenez des Perdreaux, épluchez-les, & les vuidez; mettez un morceau de beurre dans le corps, & les faites cuire à la broche, & les pliez de bardes de lard, & de papier; prenez un demi quarteron de Beurre de Venvre, mettez-les dans une casserole, avec un peu d'essence de jambon, une pincée de concassé, un peu de muscade, un jus de citron; vos Perdreaux étant cuits, tirez-les, & levez-en les aîles; n'y laissez point d'os, & les mettez dans la sausse; si vous voulez, vous y pouvez mettre les cuisses aussi, & l'estomac, celà dépend du goût du Maître que l'on sert; il y en à qui ne veulent que les aîles; mais que celà soit de bon goût, & servez chaudement pour Entrée.

Perdreaux à la Sausse à l'Espagnole

Prenez des Perdreaux, épluchez-les, & les vuidez bien proprement; prenez garde de ne pas couper le bouton; ayez du lard rapé, persil, ciboule, sel, poivre, fines herbes, fines épices, champignons; hachez le tout ensemble, & le mettez dans le corps de vos Perdreaux; passez le croupion dedans le bouton; mettez-les cuire, attacher sur un hâtelet à la broche, pliez de bardes de lard, & de papier. Vos Perdreaux étant cuits, tirez-les, & les débardez; dressez-les dans leur plat, & mettez la Sausse à l'Espagnole par-dessus, & servez chaudement pour Entrée. Vous trouverez la maniére de faire la sausse à l'Espagnole, au Chapitre des Sausses, & Coulis.

Perdreaux aux Olives.

Prenez des Perdreaux, la quantité que vous jugerez à propos, selon vôtre plat, épluchez-les bien, vuidez-les proprement; mais ne coupez pas le bouton; ôtez l'amer des foies, & les hachez avec du persil, ciboule, Champignons, fines herbes, fines épices, sel, poivre, lard rapé, un morceau de beurre, & mettez le tout dans vos Perdreaux, & passez le croupion dans le bouton; laissez les pattes aux corps, faites-les refaire dans une casserole, avec un morceau de beurre, persil, ciboule, sel, basilic, le tout en branches; mettez-les à la broche, envelopez de bardes de lard, & de papier. Prenez des Olives, & en ôtez les noyaux, & les faites blanchir à l'eau boüillante; étant blanchies, mettez-les

les dans une casserole, avec du coulis, ou essence de jambon, & jus; faites-les boüillir, & les dégraissez bien: voyez que le tout soit de bon goût; vos Perdreaux étant cuits, tirez-les & les débardez; dressez-les dans leur plat, mettez vos Olives par-dessus, & servez chaudement pour Entrée.

Perdreaux aux Huitres à la Broche.

Prenez des Perdreaux, épluchez-les, & les vuidez; mais ne coupez pas le bouton; hachez-en les fois; ayez des Huitres, & les faites blanchir; ôtez-en les durillons, & les mettez dans une casserole, avec un morceau de beurre, avec les foies hachez de vos Perdreaux, persil, ciboule, sel, poivre, fines herbes, fines épices; passez le tout deux ou trois tours sur le fourneau; ensuite, mettez-les dans vos Perdreaux, & passez le croupion par le bouton; faites-les refaire comme les autres ci-devant, & les mettez à la broche, envelopez de bardes de lard, & de papier; ayez encore des Huitres blanchies comme les autres, mettez-les dans une casserole, avec une demi cuillerée de bonne essence de jambon, un peu de vôtre coulis; ensuite, faites-le boüillir; ayant boüilli, & étant à proportion diminué, comme vous le voulez; mettez-y vos Huitres avec un jus de citron; vos Perdreaux étant cuits, tirez-les, & les d'ébardez, dressez-les dans leur plat, & le ragoût d'Huitres par-dessus, & servez chaudement pour Entrée.

Perdreaux à la Flamande, aux Huitres, à la broche.

Prenez des Perdreaux, & les habillez comme ceux ci-devant; il n'y a que le ragoût d'Huitres qui en fait la difference, parce que les autres sont au roux, & que ceux-ci sont au blanc, & de plusieurs façons; prenez des Huitres, & les faifaites blanchir, ôtez-en les barbes, & les durillons; mettez dans une casserole, un morceau de bon beurre, une pincée de farine, un jus de citron, du sel, poivre, muscade, un peu d'eau; liez vôtre sausse; étant bien liée, voyez que vôtre sausse soit de bon goût, mettez-y vos Huitres; vos Perdreaux étant cuits, tirez-les, & les débardez; dressez-les dans leur plat, & vôtre ragoût d'Huitres par-dessus, & servez chaudement pour Entrée. Une autre fois, vous y pouvez mettre du persil haché, avec un peu d'eau de vos Huitres, & un anchois bien haché.

Perdreaux aux Huitres, à l'Italienne, au blanc.

Prenez des Perdreaux, épluchez-les, & les vuidez proprement; hachez-en les foies, prenez des Huitres; pour chaque Perdreaux, une demi-douzaine sufit, faites-les blanchir, & les mettez dans une casserole avec les foies de vos Perdreaux, & un morceau de beurre, persil, ciboule, sel, poivre, fines herbes, fines épices passez le tout un moment sur le feu, & mettez-le ensuite dans vos perdreaux; faites-les refaire dans

dans une casserole avec de l'huile, ciboule, persil, basilic, jus de citron; mettez-les ensuite à la broche; pliez-les de bardes de lard, & de papier; prenez des Huitres, & les faites blanchir dans leur eaux; ensuite, épluchez-les, ayez une casserole, mettez-y quatre jaunes d'œufs, la moitié d'un citron, coupé en petits dez, une pincée de concassé, un peu de muscade rapée, un peu de persil haché, une rocambole, & un anchois haché, avec un peu d'huile, un petit verre de vin de Champagne, ou d'autre vin blanc, un morceau de bon beurre, un peu d'essence de jambon, mettez ensuite vôtre Sausse sur le feu, & la liez; prenez garde que la Sausse ne tourne; mettez-y vos Huitres; voyez que la Sausse soit d'un bon goût; vos Perdreaux étant cuits, tirez-les, & les débardez, & les dressez dans leur plat, & mettez vôtre ragoût d'Huitres par-dessus, & servez chaudement pour Entrée.

Autres Perdreaux, à l'Italienne, aux Huitres.

Prenez des Perdreaux, & les accommodez comme ceux ci-devant: il n'y a que la Sausse qui en fait la difference; voici la maniére de la faire; mettez une cuillierée de jus dans une casserole, une demi cuillierée de coulis, & autant d'essence de jambon, deux verres de vin de Champagne, ciboules, ognons coupez en tranches, citron, celeri, une gousse d'ail, un demi verre d'huile; une pincée de coriandre; mettez vôtre casserole sur le feu, faites-là bien boüillir, jusqu'à ce que vôtre coulis, soit de la manié-

maniére que vous le souhaitez; c'est-à-dire, comme il faut; dégraissez-là bien, & observez qu'elle soit de bon goût, & la passez dans un tamis de soie; ensuite, mettez-y vos Huitres: Vos Perdreaux étant cuits, tirez-les de la broche, & les débardez, & les dressez dans leur plat proprément, mettez vôtre ragoût d'Huitres par-dessus, & servez chaudement pour Entrée.

Perdreaux aux Maingots.

Prenez des Perdreaux, épluchez-les, & les vuidez proprement; prenez les foies, & en ôtez l'amer, & les hachez avec du persil, ciboule, du lard rapé, un morceaux de beurre, sel, poivre, fines herbes, fines épices; mettez le tout dans le corps de vos Perdreaux; ensuite, faites-les refaire dans une casserole avec du beurre, persil, ciboule; étant refaits, mettez-les à la broche, pliez de bardes de lard, & de papier; prenez des Maingots, & les coupez en filets, & les faites blanchir dans l'eau boüillante; étant blanchis, mettez-les dans une casserole, avec un peu de coulis, un peu d'essence de jambon, un peu de jus; faites-les boüillir un moment, & les dégraissez. Vos Perdreaux étant cuits, débardez-les & dressez-les dans leur plat, & mettez vôtre ragoût de Maingots par-dessus, & servez chaudement pour Entrée.

Perdreaux aux Truffes Vertes.

Prenez des Perdreaux, & les flambez sur le feu, & les épluchez bien proprement; ensuite, vuidez-les, hachez-en les foies avec du lard rapé,

rapé, persil, ciboule, quelques Truffes, sel, poivre, fines herbes, fines épices, un morceau de bon beurre; hachez bien le tout, & le mettez dans le corps de vos Perdreaux, & les arrêtez par les deux bouts; faites-les refaire comme les autres; ensuite, mettez-les à la broche, enveloppez de bardes de lard, & de papier. Prenez des Truffes, les pelez, & les coupez par tranches; lavez-les bien, mettez-les ensuite, dans une casserole, avec un peu de boüillon, & les mettez cuire doucement; étant cuites, liez-les avec vôtre coulis ordinaire, ou bien avec une essence de jambon, & y mettez un jus de citron. Vos Perdreaux étant cuits, tirez-les, & les débardez; dressez-les dans leur plat, & mettez vôtre ragoût de Truffes par-dessus, & servez chaudement pour Entrée.

Perdreaux aux Truffes à l'Italienne.

Prenez des Perdreaux, & les habillez tout comme ceux ci-devant; la difference qu'il y a, c'est que les autres sont cuits à la broche; prenez une casserole, & y arrangez quelques tranches de veau, de jambon, & d'ognons; ensuite, mettez-y vos Perdreaux, ayez des Truffes la quantité que vous jugerez à propos; pelez-les & les lavez; mettez-les dans une casserole avec les Perdreaux, assaisonnez de sel, poivre, fines herbes, trois ou quatre gousses d'ail, un citron coupé en tranches, un demi verre d'huile, un verre de vin de Champagne; ensuite, achevez de les couvrir de bardes de lard, & de veau; mettez-les cuire feu dessus, & dessous; prenez garde qu'ils ne cuisent pas trop; il faut que vos Perdreaux soient fermes. Vos Perdreaux étant

étant cuits, tirez-les, & les tenez chaudement; mettez dans la casserole où vos perdreaux ont cuits, une demi cuillierée de bon jus, une demi cuillierée d'essence de jambon; faites boüillir le tout, & dégraissez-le bien, passez cette sausse dans un tamis de soie; ensuite, remettez les truffes dans la sausse; étant prêt à servir, mettez vos Perdreaux dans leur plat, & vos Truffes autour; & mettez vôtre sausse par-dessus, & servez chaudement pour Entrée.

Perdreaux à la Moscovite.

Prenez des Perdreaux, flambez-les, épluchez-les, vuidez-les, & les coupez en fricassée de Poulets; ne les mettez point dans l'eau, mais mettez-les dans une casserole avec un peu de lard fondu, & ensuite, sur le feu, bien allumé; passez-les quelques tours sur le feu; ensuite, moüillez-les d'un bon verre d'eau-de-vie, & les tenez toûjours sur le feu, tant qu'il peut brûler; le feu étant éteint, mettez-y quelques champignons, truffes, & les moüillez de bon jus, & de bon coulis; ensuite, faites-les cuire à petit feu; ayez soin de les bien dégraisser; étant prêt à servir, mettez-y un morceau de beurre frais, où bien un peu d'huile, un jus de citron, & servez chaudement pour Entrée. Une autre fois vous les pouvez laisser entiéres.

Perdrix à la Braise.

Ayez des Perdrix, épluchez-les, vuidez-les, & troussez les cuisses en dedans le corps, faites-les refaire sur la braise, & les piquez de gros lard; prenez du lard, coupez-en des lardons gros

gros comme la moitié du petit doigt ; assaisonnez-les de sel, poivre, fines herbes, fines épices ; prenez une lardoire de bois, & lardez vos Perdrix ; étant piquées, ficelez-les, & les mettez cuire dans une braise, dont voici la maniére de la faire. Prenez une braisiere, ou une marmite, garnissez là de bardes de lard, & de tranches de bœuf ; ensuite, mettez-y vos Perdrix, & les assaisonnez de sel, poivre, basilic, thin, ognons, & les achevez de couvrir, & les moüillez d'une cuillerée de boüillon, & les mettez cuire feu dessus, & dessous tout doucement ; étant cuites, vous les pouvez servir avec une sausse hachée, ou bien avec un ragoût de ris de veau, ou aux cardons d'Espagne, & servez chaudement pour Entrée.

Perdrix aux Choux.

Prenez des Perdrix, & les accommodez tout comme celles ci-devant : Il faut avoir des Choux & les faire blanchir ; étant blanchis, vous les ficelez par petits paquets, & les mettez cuire dans vôtre braise avec vos Perdrix ; étant cuites, vous les tirez égoûter, & les Choux aussi ; ensuite, vous dressez vos Perdrix dans leur plat ; & entre chaque Perdrix, vous y mettez un morceau de Choux, & un bon coulis par-dessus, & servez chaudement pour Entrée.

Perdrix au Bœuf.

Prenez des Perdrix, épluchez-les, & troussez les cuisses en dedans le corps ; ayez des tranches de Bœuf, bien minces, mais assez grandes pour qu'elles puissent faire le tour de vos Perdrix; ensuite, piquez-les de gros lardons de lard, & de jombon, & les mettez cuire dans une braise; étant cuites, tirez-les égoûter, & dressez-les dans leur plat bien proprement; & mettez par-dessus une essence de jambon, & servez chaudement pour Entrée.

Perdreaux à la Reine.

Prenez des Perdreaux, flambez-les, épluchez-les, & les vuidez; détachez la peau de dessus l'estomac, & ôtez la chair, de l'estomac de vos Perdreaux; prenez quelques blancs de poulet; avec la chair de vos Perdreaux, un petit morceau de lard blanchi, un morceau de tetine de veau, persil, ciboule, fines herbes, fines épices, sel, poivre, un jaune d'œuf crû; hachez bien le tout ensemble, & en remplissez les estomacs de vos Perdreaux; & si vous avez de la farce de reste, mettez-la dans le corps de vos Perdreaux; mettez-les à la broche; envelopez de bardes de lard, & de papier. Vos Perdreaux étant cuits, tirez-les, & les débardez, & les dressez dans leur plat; mettez un coulis à la Reine par-dessus, dont voici la maniére de le faire. Prenez une casserole, & y mettez aux environs de trois quarterons de roüelle de veau, coupez en dez; une tranche de jambon, un ognon, un panet coupé en morceaux; mettez vôtre casserole sur un fourneau, & moüillez-les sur le champ de boüillon; il faut avoir des blancs de poulardes ou de poulets, & les bien piler dans un mortier; & quand vôtre viande sera cuite, tirez-la de vôtre casserole, & y mettez un morceau de mie de pain blanc, & la faites bien mitonner; prenez garde que vôtre boüillon ne prenne couleur;

leur; mettez ensuite vos blancs de volailles pilez, & les passez sur le champ à l'étamine. Ce coulis sert pour toutes sortes de viandes, & pour les Poulardes; voyez que le coulis soit d'un bon goût, & servez chaudement pour Entrée.

Perdreaux à l'Achia.

Prenez des Perdreaux, épluchez-les, & habillez-les comme ceux ci-devant; ensuite, mettez les à la broche, pliez de bardes de lard, & de papier, prenez ensuite de l'Achia, coupez-là par tranches, & la faites blanchir à l'eau bouillante, étant blanchie, mettez-là dans une casserole avec un peu d'essence de jambon, un peu de coulis ordinaire, un peu de jus, faites cuire le tout un moment, & les Perdreaux étant cuits, tirez-les, & les débardez, mettez-les dans un plat; voyez que vôtre ragoût soit d'un bon goût; ensuite, mettez vôtre ragoût d'Achia par-dessus, & servez chaudement pour Entrée.

Perdreaux au fines herbes.

Il faut avoir des Perdreaux qui ayent du fumet; épluchez-les bien, & vuidez-les; ôtez l'amer des foies; ensuite, hachez les foies avec du lard rapé, persil, ciboule, sel, poivre, fines herbes, fines épices, un morceau de beurre, quelques champignons; hachez bien le tout, & le mettez dans le corps de vos Perdreaux: arrêtez-en les deux bouts, & les faites refaire dans une casserole, ensuite, mettez-les à la broche, enveloppez de bardes de lard, & de papier; vos Perdreaux étant cuits, tirez les, & les débardez; dressez-les dans leur plat, mettez-y une essen-

essence de ambon dessus, & servez chaudement pour Entrée.

Perdreaux aux Ecrevices.

Prenez des Perdreaux, épluchez-les, & les vuidez; laissez le bouton; prenez les foies ôtez-en l'amer, & les hachez avec du lard rapé, un morceau de beurre, persil, ciboule, champignons, fines épices, sel, poivre; hachez bien le tout ensemble, & le mettez dans le corps de vos Perdreaux, & passez le croupion dans le bouton: faites-les refaire dans une casserole avec un morceau de beurre, ciboule, persil, le tout en branche; ensuite, mettez-les à la broche, envelopez de bardes de lard, & de papier; vous prenez une douzaine de moyennes Ecrevices, que vous faites cuire; étant cuites, vous en ôtez les petites pattes, & épluchez les queuës, & vous les mettez dans une casserole, avec un peu d'essence & de jus, & les faites mittonner, afin qu'elles prennent du goût: vos Perdreaux étant cuits, tirez-les, & les débardez, & les dressez dans leur plat avec les Ecrevices autour, & l'essence par-dessus; & servez chaudement pour Entrée. Une autre fois vous pouvez vous servir d'un coulis d'Ecrévices; voici la maniére de le faire. Prenez des petites Ecrevices, & les lavez bien; mettez-les cuire avec ciboule, persil, sel, poivre, un peu d'eau, & les mettez sur le feu; d'abord que l'eau a passé par-dessus, elles sont cuites; épluchez-les, & faites piler les coquilles; mettez dans une casserole un morceau de roüelle de veau coupé en morceaux, & quelques tranches de jambon, ognons, carotes, coupées en morceaux; mettez vôtre casserole sur

ſur le feu ; lorſque vôtre coulis eſt un peu attaché, moüillez-le de boüillon, & y mettez une cuillerée de coulis, & une ou deux tranches de citron, goûtez vôtre coulis, s'il eſt de bon goût, & en ôtez toutes les viandes ; mettez-y enſuite vos coquilles d'Ecrevices pilées, & le paſſez à l'étamine ſur le champ. Vous pouvez vous ſervir de ce coulis pour toutes ſortes de viandes, pour des perdrix : quand vos moyennes Ecrevices ont pris goût, mettez-les dans ce coulis, & ſervez chaudement. Une autre fois vous mettez les queues de vos Ecrevices dans une caſſerole avec jus, coulis, & ſel, pour qu'il prenne goût ; enſuite, vous les mettez dans vôtre coulis d'Ecrevices, & après cela, mettez le coulis avec les queues d'Ecrevices deſſus vos Perdreaux, & ſervez chaudement.

Perdreaux en Fricandeaux.

Prenez des Perdreaux, épluchez-les, vuidez-les, trouſſez les cuiſſes dans le corps, & caſſez un peu les os, & les aplatiſſez ; faites-les refaire ; enſuite, faites-les piquer de petit lard ; étant piquez, mettez-les à cuire dans une caſſerole avec quelques tranches de veau, & de jambon, ognons, & cloux. Vos Perdreaux étant cuits, tirez-les, & paſſez le boüillon dans un tamis, dégraiſſez-le, remettez-le enſuite ſur le feu, & le faites boüillir juſqu'à ce qu'il ſe rende en caramel ; prenez garde qu'il ne prenne trop de couleur ; enſuite, mettez vos Perdreaux dans le caramel, le lard deſſus, ou pour mieux dire, le lard dans la glace ; enſuite, vous le mettez ſur des cendres chaudes, afin qu'il ſe glace plus aiſément. Etant prêt à ſervir, mettez une eſſence dans le plat où vous voulez servir, & vos Perdreaux dessus; s'ils ne sont pas assez glacez, mettez-les un moment sur le fourneau, & les faites toûjours marcher, jusqu'à ce que vous les trouviez comme il faut; vous pouvez tirer le caramel pour le mettre dessous vos Perdreaux; vos Perdreaux étant tirez, mettez-y une pincée de farine; remuez avec une cuilliere, & le moüillez d'un peu de boüillon, d'un peu d'essence, & d'un jus de citron; dégraissez-le bien, & le mettez dans vôtre plât avec vos Perdreaux dessus, & servez chaudement pour Entrée.

Perdreaux en Grenadins.

Prenez des Perdreaux, épluchez-les, & les fendez par le dos; ôtez-en tous les os, & une partie de la chair que vous couperez en petits dez, & ris de veau, truffes vertes champignons, & jambon, assaisonnez de sel, poivre, fines herbes, fines épices, du lard rapé; & le passez un moment sur le feu; voyez qu'il soit de bon goût, & y mettez un jus de citron, & remplissez-en vos Perdreaux; ensuite, cousez-les, & les rendez ronds comme une boule; refaites-les, & les piquez de petit lard; mettez-les cuire comme les Perdreaux ci-dessus; étant cuits, dressez-les de même; vous les servez chaudement pour Entrée.

Perdreaux à l'Espagnole.

Prenez des Perdreaux, flambez-les, & épluchez-les, & les vuidez; hachz-en les foies avec un morceau de beurre, lard rapé, champignons truffes vertes, si vous en avez, persil, ciboule, sel,

ſel, poivre, fines herbes, fines épices; hachez bien le tout, & le mettez dans les corps de vos Perdreaux, & les arrêtez par les deux bouts; enſuite, faites-les refaire dans une caſſerole; étant refaits, mettez-les à la broche, & les pliez de bardes de lard, & de papier; vos Perdreaux étant cuits, tirez-les, & les débardez; dreſſez-les dans leur plat, & vôtre ſauſſe à l'Eſpagnole par-deſſus, & ſervez chaudement pour Entrée, vous trouverez la maniére de la faire au Chapitre des Sauſſes. Ils ſe ſervent dépecez après qu'ils ſont cuits, vous les coupez, & les mettez dans une caſſerole avec la ſauſſe à l'Eſpagnole, & ſervez chaudement, pour petite Entrée ou hors d'œuvre.

Perdreaux à la Polonoiſe.

Prenez des Perdreaux, flambez-les, épluchez-les, & les vuidez; mettez-les enſuite à la broche avec un morceau de beurre dans le corps, & les pliez de bardes de lard & de papier. Quand ils ſeront cuits, tirez-les de la broche; ayez des échalottes toutes prêtes, épluchées & hachées, un peu de perſil, du gingembre rapé, lavez une cuiſſe ſans la détacher du corps, mettez-y une pincée de gingembre, une pincée d'échalottes, & une pincée de perſil, une pincée de ſel, & un petit morceau de beurre frais; quand vous avez fait de même à tous vos Perdreaux, à leurs deux aîles, vous les écraſerez entre deux aſſiettes, & y mettrez quelques zeſtes d'orange, un peu de boüillon, un peu de mie de pain bien fine, que vous jetterez par-deſſus; vous le mettrez un moment ſur un un réchaud, entre deux plats, avec un jus d'orange, un demi verre de vin de Champagne, & vous le ferez boüillir un moment; observez qu'il soit d'un bon goût; vous pouvez servir toutes sortes de volailles de la même maniére, au lieu de la mettre dans un plat, la mettrez dans une casserole, & servez chaudement pour Entrée.

Perdreaux à la Polonoise, qui s'apelle Bigoche, & en bon françois Galimafrée.

Vos Perdreaux étant cuits à la broche, comme ceux ci-devant, dépecez-les, comme pour fricassée de poulets; mettez-les dans une casserole avec un peu de boüillon, une pincée de ciboule hachée, une pincée d'échalottes, une pincée de persil, du sel, du poivre, une rocambole, bien hachée, une petite poignée de mie de pain, des zestes d'orange avec le jus, mettez-les chauffer un moment sur le feu; tournez-les deux ou trois tours sans qu'ils boüillent, dressez-les dans leur plat, & servez chaudement pour Entrée, ou hors d'œuvre.

Hachis de Perdrix.

Vos Perdrix étant cuites à la broche, vous en levez les aîles, & les cuisses, & vous en tirez toute la chair, que vous hachez bien; vous prenez les carcasses, les faites piler; étant bien pilées, levez-les du mortier, mettez-les dans une casserole, avec un peu d'essence de jambon, faites-les chauffer un moment, & passez-les à l'él'étamine; prenez vos Perdrix hachées, & les mettez dans une petite casserole, & y mettez de ce petit coulis que vous venez de passer, la quantité que vous jugerez à propos; étant prêt à servir, faites-les chauffer; mais prenez garde qu'il ne boüille; mettez-y une petite rocambole bien écrasée, & un jus de citron, ou un jus d'orange, & servez chaudement pour Entrée. Vous pouvez une autre fois y mettre du blanc de poularde; vôtre hachis en sera plus délicat.

Perdreaux à la Quando.

Prenez des Perdreaux cuits à la broche, faites-les bien piler, & en les pilant, faites-les moüiller d'un peu de jus, pour qu'ils se pilent avec plus de facilité; étant pilé, tirez-les du mortier, mettez-les dans une casserole, avec du jus, du coulis, & de l'essence de jambon: faites chauffer le tout un moment; ensuite, passez-les à l'étamine à force de bras, avec une cuilliere de bois; il faut qu'il soit assez épais, pour qu'on puisse le prendre avec une fourchette; étant passé, mettez-le dans une casserole, & le tenez chaudement; étant prêt à servir, mettez-y un jus de citron, & servez chaudement pour hors d'œuvre garnie de moüillettes ou croûtons autour.

Perdreaux à la Carpe.

Prenez des Perdreaux, flambez-les, épluchez-les, & les vuidez; ôtez l'amer des foies, hachez-les avec du persil, assaisonnez-les de poivres, sel, lard rapé, ciboules, champignons, fines herbes, fines épices, un morceau de beurre; hachez bien le tout ensemble; mettez-les ensuite dans le corps de vos Perdreaux; mettez-les à la broche, pliez de bardes de lard, & de papier. Vos Perdreaux étant cuits, débardez-les, mettez-les dans leur plat, avec vos laitances autour, & vôtre sausse par-dessus vos Perdreaux, & servez chaudement pour Entrée; observez que les Carpes soient de bonne eau, autrement celà gateroit vôtre coulis.

CHA-

CHAPITRE IX.

Des Entrées de Mouton.

Grosse Entrée d'un Rôt-de-Bif de Mouton.

PRenez toute la croupe d'un Mouton bien tendre ; levez adroitement la premiére peau de dessus par la pointe, & la laissez atachée par le bas, & y mettez un peu de jambon haché, assaisonnez de persil, ciboule, poivre, avec des champignons hachez & truffes, si vous en avez ; rangez le tout sur la croupe de vôtre Mouton, renversez la peau par-dessus ; arrêtez la peau par les bouts, & la couvrez de papier, & la faite cuire à la broche : étant cuite, déficelez-là, panez-là proprement, dressez-là dans son plat avec un jus d'échalotte par-dessus, & servez chaudement pour Grosse Entrée.

On en peut faire de même d'un quartier d'Agneau comme d'un Mouton.

Rôt-de-Bif de Mouton à la Sainte Menou.

Prenez un Mouton entier, coupez-en les devants ; piquez les deux derrieres de gros lard, & les ficellez ; étant piquez & ficellez, prenez une braisiere assez grande pour y pouvoir mettre vôtre Rôt-de-Bif de Mouton ; garnissez la braisiere de de bardes de lard, tranches de bœuf & ognons; mettez-y vôtre Rôt-de-Bif de Mouton, & assaisonnez de sel, poivre, fines herbes, ognons, ciboules, ail; achevez de le couvrir de tranches de bœuf, & de bardes de lard; ensuite, mouillez-le, couvrez vôtre braisiére, & la mettez cuire feu dessus & dessous; ayez soin d'entretenir le feu; vôtre Rôt-de-Bif de Mouton étant cuit, tirez-le, & le mettez dans un grand plat, & le panez moitié mie de pain, & moitié parmesan, & lui faites prendre couleur au four; dressez-le dans le plat où vous le voulez servir, & servez chaudement, avec une essence dessous.

Rôt-de-Bif de Mouton aux fines Herbes, à la Broche.

Prenez un derriere de Mouton, & que les reins y tiennent, levez-en la peau le plus adroitement que vous pourez, tout le long du filet; prenez du lard rapé, & un bon morceau de beurre; hachez du persil, ciboule, champignons, mêlez bien le tout ensemble, & l'assaisonnez de sel, poivre, fines herbes, fines épices, & étant bien mêlé, fourez-le dans les reins de vôtre Rôt-de-Bif de Mouton; embrochez-le, & le pliez de papier beurré, & le faites cuire. Etant cuit, ôtez le papier, & le panez de mie de pain bien fine; faites lui prendre une belle couleur; étant comme il fait, tirez-le, & le dressez dans le plat où vous le voulez servir, mettez un jus dessus, & server chaudement.

Selle de Mouton à l'Angloise.

Prenez les reins d'un Mouton, & les piquez de gros lard; étant piquez, ficelez-les bien, & les

les mettez cuire à la braisse, tout comme le Rôt-de-Bif de Mouton; étant cuit, tirez vos reins de Mouton, & les panez de mies de pain bien fines, & lui faites prendre couleur au four; étant colorez, dressez-le dans vôtre plat, où vous le voulez servir, mettez dessous ce que vous jugerez à propos, & servez chaudement.

Rôt-de-Bif de Mouton en Sur-tout.

Prenez tout le derriere d'un Mouton, & le faites cuire à la broche, étant cuit, tirez-le de la broche; & en ôtez toute la chair, tout le long du filet jusques au cuisseau: hachez bien cette viande avec du lard blanchi, de la graisse de bœuf, un morceau de mie de pain cuite dans du lait, ou de la crême; hachez bien le tout, mettez-y une demi douzaine de jaunes d'œufs, foüetez les blancs en neige, & les mettez dans vôtre farce, faites piler le tout dans un mortier: étant pilé, faites des murailles de chaque côtes des reins de vôtre Rôt-de-Bif, & sur le gigot de même; il faut avoir un ragoût de ris de veau, champignons, crêtes de coq, truffes, quelques blancs de volailles, comme poulets, ou poulardes, pigeons, ou perdrix; voici la maniére de le faire: prenez des ris de veau, faites-les blanchir: étant blanchis, coupez-les en morceaux, & les mettez dans une casserole, avec des champignons, & truffes, si vous en avez: mettez-y une cuillierée de boüillon, & mettez vôtre casserole sur le feu, vos ris de veau, étants cuits, mettez-y une cuillierée à pot de coulis, & laissez les ris de veau là, avec les crêtes qui sont ordinairement cuites à part; goûtez vôtre ragoût, & lui donnez le meilleur goût que vous pourrez,

&

& le faites refroidir ; étant froit ; mettez le ragoût dans vôtre Rôt-de-Bif, & achevez de le couvrir de farce legerement ; & faites ensorte que les murailles ayent du soûtien ; dorez-les d'œufs batus, & les panez de mies de pain bien fines ; & lui faites prendre couleur au four ; étant cuit, dressez-le dans le plat, que vous voulez servir ; & y mettez un coulis à l'ordinaire, & servez chaudement. Le mieux est de le former dans son plet.

Gigot de Mouton à l'Angloise.

Prenez un Gigot & en cassez le manche ; mettez une marmite avec de l'eau & du sel, sur le feu, & y mettez vôtre Gigot. Lorsqu'il aura boüilli deux heures, il sera cuit ; prenez une casserole, & y mettez un morceau de beurre, une pincée de farine, du sel, poivre, muscade, une goûte de jus, une demi-douzaine d'œufs durs, que vous mettez bien hachez dans vôtre sausse, avec une poignée de câpres ; étant prêt à servir, tirez vôtre Gigot, & le dressez dans le plat que vous voulez servir, & vôtre sausse par-dessus, & servez chaudement pour Entrée.

Gigot de Mouton aux Navets, à l'Angloise.

Prenez un Gigot, & le faites cuire avec les Navets ; prenez un morceau de beurre, & le mettez dans une casserole, avec une pincée de farine, du poivre, du sel de la muscade rapée, un filet de vinaigre ; liez vôtre sausse, & tirez vos Navets de la marmite, & les coupez en mor-

morceaux, & les mettez dans vôtre ſauſſe; étant prêt à ſervir, tirez vôtre Gigot, & le dreſſez dans le plat, que vous voulez ſervir; mettez vos Navets par-deſſus, & ſervez chaudement pour Entrée.

Gigot de Mouton à l'eau.

Prenez un Gigot de Mouton mortifié, & le bâtez avec le plat du couperet; caſſez-en les gros os du Gigot, mettez-le cuire dans une marmite avec de l'eau ſel, poivre, clous, fines herbes quelques bardes de lard, une bouteille de vin blanc; vôtre Gigot étant cuit, tirez-le, & le dreſſez dans ſon plat, & mettez deſſus une ſauſſe à l'Italienne, & ſervez chaudement pour Entrée.

Gigot de Mouton à la Braiſe.

Prenez un Gigot de Mouton, & le piquez de gros lard, bien aſſaiſonné; ficellez-le, & le mettez cuire à la braiſe (la maniére de faire la braiſe, ſe trouve au Chapitre des Braiſes.) Prenez quelques ris de veau blanchis, coupez-les en morceaux dans une caſſerole avec champignons & truffes; mettez-y une demi cuillerée de coulis, une demi cuillerée de jus; mettez vôtre caſſerole ſur le feu, & faites cuire, vôtre ragoût; étant cuit, voyez s'il eſt de bon goût, dégraiſſez-le bien, & y mettez un jus de citron; vôtre Gigot étant cuit tirez-le égoûter, & le dreſſez dans le plat où vous le voulez ſervir, & ſervez chaudement pour Entrée.

Gigot de Mouton à l'eau, piqué & glacé.

Prenez un Gigot de Mouton qui ſoit un peu mor-

mortifié; bâtez-le, caſſez le gros os des cuiſſes, ôtez la peau deſſus; & le faites piquer de petit lard; étant piqué, ficellez-le, & le mettez à cuire dans une caſſerole, avec quelques bardes de lard, quelqu'autres viandes, & des ognons, un bouquet de fines herbes, des clous, ſel, poivre, & le moüillez d'eau; faites-le cuire: prenez enſuite une caſſerole, & y mettez aux environs d'une livre de veau coupé en petites tranches, avec quelques tranches de jambon & ognons: moüillez-le de boüillon, & le faites cuire. Vôtre viande étant cuite, paſſez le boüillon au travers d'un tamis dans une caſſerole aſſez grande pour y pouvoir mettre vôtre Gigot; après cela, mettez le boüillon ſur le feu, & le laiſſez tarir jusqu'à ce qu'il devienne en caramel; vôtre glace étant prête, mettez-y vôtre Gigot, & la mettez ſur des cendres chaudes; étant prêt à ſervir, mettez dans le plat où vous voulez ſervir un ragoût de concombres, ſelon la ſaiſon, & mettez vôtre Gigot de Mouton deſſus, & ſervez chaudement pour Entrée.

Gigot de Mouton en Sauciſſon.

Prenez un fort Gigot de Mouton, ouvrez-le en deux, & en tirez les os; ne laiſſez que le manche pour marquer que c'eſt un Gigot; tirez une partie de la chair du dedans de vôtre Gigot coupez en dez, du jambon, cornichons, des champignons, des truffes fraiches dans la ſaiſon, & du lard, le tout coupé en dez, & aſſaiſonnez de ſel, poivre, fines herbes, fines épices, ciboule, perſil haché, une pointe d'ail; lardez vôtre Gigot par-dedans avec du gros lard, bien aſſaiſonné, & y mettez le ſalpicon, & le roû-

roûlez en saucisson ; ficellez-le, & le mettez à cuire à la braise, étant cuit, tirez-le égoûter, & le dressez dans son plat, & mettez un petit coulis dessus avec un jus de citron, & servez chaudement pour Entrée.

Gigot de Mouton à la Païsanne.

Il faut avoir un Gigot de Mouton qui soit mortifié ; battez-le bien, cassez-en le gros os & levez-en les peaux ; faites-le piquer de petit lard ; étant piqué, il faut avoir une bonne farce fine, & la mettez dans le corps du Gigot autant que vous pourez ; faites-le cuire à la broche, & le couvrez de papier ; étant cuit, tirez-le, & le servez avec une essence de jambon, & un jus d'orange, & servez chaudement pour Entrée.

Epaule de Mouton en Roulades.

Prenez une Epaule de Mouton, & la désossez bien proprement ; étendez-là le plus large que vous pourez ; prenez un morceau de veau, & en ôtez la peau ; prenez aussi un morceau de graisse de bœuf, du lard, persil, ciboule, champignons ; hachez bien le tout ensemble, assaisonné de sel, ppivre fines herbes, fines épices ; cassez-y un couple de jaunes d'œufs, un morceau de mie de pain cuite dans du lait où de la crême ; hachez bien le tout encore ; prenez du lard, du jambon, & des cornichons, coupez-le tout en petits dez, autant que vous jugerez à propos ; mêlez bien le tout ensémble. Le tout étant bien mêlé, mettez-le dans vôtre Epaule ; ensuite, roûlez-là, & pliez-là dans une

une serviette ou torchon, & la mettez à cuire dans une braise bien assaisonnée; étant cuite, tirez-là, & la déficelez, dressez-là dans le plat où vous la voulez servir; & mettez une essence de jambon dessus, & servez chaudement pour Entrée.

Epaule de Mouton fourée aux Navets.

Prenez une Epaule de Mouton, fendez-là en dedans sur la palette, & en ôtez la palette bien proprement, sans offenser la peau; piquez-la en dedans de gros lard, & de jambon; étant piquée, faites un ragoût de ris de veau, champignons, truffes & crêtes de coq, bien assaisonnez de sel, & de poivre; passez le tout deux ou trois tours sur le feu; ensuite, mouillez-le d'un peu de coulis ou d'essence; & laissez-le refroidir, & le mettez dans vôtre Epaule; fermez-là bien pour que le ragoût ne sorte point: roulez-là du côté de la palette jusqu'au manche: observez qu'il faut que le manche y soit, & ayez bien soin de nettoyer le bout du manche; & ficellez-là, pour qu'elle reste en forme; ensuite, mettez-là dans une casserole avec quelques tranches de veau & de jambon; faites-là cuire à sec, feu dessus & dessous tout doucement, prénez des Navets & les tournez comme vous jugerez à propos, faites les cuire avec une cuillerée de bon bouillon dans une petite marmite, avec une barde de lard; vôtre Epaule étant cuite, tirez-là de la casserole, & y mettez un peu de jus & de coulis, dégraissez bien ce petit coulis, & le passez dans un tamis; ensuite, mettez-y vôtre Epaule, & vos Navets, après être égoûtez: observez qu'ils soient de bon goût; étant

étant prêt à servir, dressez vôtre Epaule dans le plat où vous la voulez servir, & vos Navets par-dessus, & servez chaudement pour Entrée.

Epaule de Mouton à la Rouchi.

Prenez un quartier de Mouton de devant qui soit mortifié; levez-en l'Epaule, en ôtant la chair de dessus les côtes, autant que vous le pourrez, & que le filet reste de tout son long ataché à vôtre Epaule; faites piquer le filet de petit lard, étant piqué, mettez vôtre Epaule de Mouton à la broche, étant cuite, dressez-là dans son plat, & que le filet se trouve en dessus; mettez dessous un jus, ou bien un petit ragoût de chicorée, & servez chaudement pour Entrée.

Epaule de Mouton en Epigramme.

Prenez une Epaule de Mouton qui soit tendre & mortifiée; faites-là cuire à la broche; étant cuite, tirez-la; levez-en la peau dessus, le mieux qu'il vous sera possible, & que la peau reste après le manche: Coupez-là au niveau du manche; prenez la chair de l'Epaule & la coupez en petits filets fort minces. Prenez ensuite une casserole, & y mettez un morceau de beurre; mettez sur le feu, & d'abord que vôtre beurre sera roux, mettez-y une pincée de farine avec un oignon haché bien menu; mouillez-le d'un peu de bouillon & l'assaisonnez de sel, poivre, une rocambole ou deux, mettez-y vôtre Epaule de Mouton coupée en filets; faites une liaison de quatre ou cinq œufs, délayez-là avec du jus de citron ou du verjus: mettez-y un peu de muscade, persil haché, quelques échalotes;

 liez

liez sur le champ ; observez qu'elle soit d'un bon goût ; dressez dans le plat que vous voulez servir ; mettez vôtre peau d'Epaule dessus, & servez chaudement pour Entrée.

Epaule de Mouton en Hachis.

Prenez une Epaule de Mouton qui soit tendre & mortifiée ; étant cuite, tirez-là ; & levez-en la peau le mieux qu'il vous sera possible ; & que la peau reste après le manche. Prenez la viande, & en ôtez tous les nerfs ; faites-là hacher ; prenez une casserole, mettez-y un morceau de beurre avec une pincée de farine, & la mettez sur le feu ; étant un peu colorée, mettez-y un ognon haché, & le moüillez d'un peu de jus, & l'assaisonnez de sel, poivre, rocamboles ; mettez-y vôtre viande hachée ; voyez qu'elle soit assez liée & d'un bon goût ; dressez-là dans son plat, mettez la peau de l'Epaule par-dessus, & servez chaudement.

Epaule de Mouton en Hachis à l'Angloise.

Mettez une Epaule de Mouton à la broche ; étant cuite, tirez-là, & en prenez la chair, & en ôtez tous les nerfs. Ensuite, coupez-là en petits dez le plus mince que vous pourez : étant coupez, mettez-les dans une casserole ; mettez-y un peu de boüillon ou de jus, & l'assaisonnez de sel, poivre, & un peu de fines herbes. Mettez-là sur le feu : ensuite, mettez-y un morceau de beurre manié dans de la farine : observez qu'elle soit d'un bon goût, & y mettez un jus de citron : dressez-là dans son plat, que vous gar-

garnirez de tranches de pain grillées, coupées en équiére, & servez chaudement pour hors d'œuvre.

Rôt-de-Bif de Mouton aux Navets, à l'Angloise.

Prenez tout le derriere d'un Mouton, où les deux cuisseaux, & que la moitié des reins tiennent, troussez-le du mieux qu'il vous sera possible; ensuite, mettez sur le feu une braisiére presque pleine d'eau, assaisonnée de sel, quelques clous de girofle, & y mettez vôtre Rôt-de-Bif: faites-le cuire, avec des Navets la quantité que vous jugerez à propos. Laissez cuire le tout l'espace de trois heures; ensuite, tirez vôtre Rôt-de-Bif, & le dressez dans le plat où vous voulez servir avec vos Navets autour. Ayez une sausse blanche faite de bon beurre, & en arrosez vos Navets & vôtre Rôt-de-Bif. Une autre fois vous les pouvez couper en dez après être cuits, & les mettre dans vôtre Rôt-de-Bif: observez qu'il soit de bon goût, & servez chaudement pour grosse Entrée.

Gigot de Mouton en Chevreüil.

Parrez un Gigot de Mouton bien tendre, & le faite piquer de petit lard; étant piqué, mettez dans une casserole un couple de boüteilles de vinaigne, une boüteille de vin du Rhin, deux boüteilles d'eau, deux ou trois ognons coupez en tranches, demi-douzaine de gousses d'ail, un citron coupé en tranches, après lui en avoir ôte l'écosse, assaisonnez de sel, poivre, cloux de girofle, thin, basilic, lorier, & une poignée de coriandre concassé; faites le tout bien chaufer; ensuite, ôtez de dessus le feu, & y mettez vôtre Gigot de Mouton, & le laissé là-dedans pendant vingt-quatre heures, plus ou moins; & quand vous voudrez le servir, vous le ferez cuire à la broche, & l'aroserez de sa marinade, & en le servant, une poivrade liée dessus: vous trouverez la maniére de la faire au Chapitre des Sausses.

Fricandeaux de Mouton.

Prenez un quartier de Mouton: levez-en la noix, & autres morceaux qui sont propres à faire des Fricandeaux; ôtez-en la peau, & les aplatissez avec le plat de vôtre couperet, & les faites piquer de petit lard: étant piquez, mettez-les dans une casserole avec quelques morceaux de veau & tranches de jambon, un bouquet de fines herbes, un couple d'ognons, mouillez-les de boüillon, & les faites cuire: étant cuits, tirez-les & les tenez chaudement; passez leur boüillon, & le remettez dans la casserole sur le feu, & le dégraissez bien; faites-le tarir jusqu'à ce qu'il devienne en caramel: ensuite, mettez-y vos Fricandeaux, & les mettez sur des cendres chaudes, pour qu'ils se glacent aisément; étant prêt à servir, observez qu'ils soient bien glacez, & les dressez dans leur plat, mettez dans leur casserole un peu de coulis & du boüillon, & le dégraissez bien; mettez-y un jus de citron, passez-le dans un tamis de soie & le mettez sous vos Fricandeaux; observez qu'il soit de bon goût & servez chaudement pour Entrée.

Car-

Carbonnades de Mouton Glacées.

Prenez un gigot de Mouton ; coupez-en des tranches de travers en travers de l'épaisseur d'un pouce, & les aplatissez avec vôtre couperet. Faites-les piquer de petit lard ; étant piquées, mettez les cuire comme les fricandeaux ci-dessus, & servez chaudement. Au lieu d'y mettre leur jus, vous pouvez y mettre un ragoût de concombres, ou bien un ragoût de chicorée, ou de laituës.

Filets de Mouton Piquez & Glacez.

Prenez des quarez de Mouton, levez-en les Filets ; ôtez-en la peau, faites-les piquer de petit lard ; mettez-les dans une casserole avec un morceau de veau, & quelques tranches de jambon. Assaisonnez-les d'un bouquet, un couple d'ognons, moüillez de boüillon, & les faites cuire : étant cuits, tirez-les, passez le boüillon, & le dégraissez ; remettez-le dans la casserole sur le feu, & le faites boüillir, jusqu'à ce qu'il soit reduit en caramel : ensuite, mettez-y vos Filets, & la casserole sur la cendre chaude, afin qu'ils se glacent plus aisément : étant prêt à servir, dressez vos Filets dans leur plat, & mettez dans leur casserole un peu de boüillon & du coulis, ou du jus si la couleur n'est pas assez foncée ; dégraissez-le bien, mettez-y un jus de citron, passez-le dans un tamis de soie, & le mettez sous vos Filets de Mouton, & servez chaudement pour Entrée. Vous pouvez mettre dessous, au lieu de leur jus, tel Ragoût de légumes que vous jugerez à propos. Vous pouvez aussi les servir sans les faire piquer, si vous le voulez.

Cotelettes de Mouton Glacées aux Epinars.

Prenez un quaré de Mouton, parez-le, & le coupez en Cotelettes, entre deux une fausse; aplatissez-les, & les faites piquer de petit lard, & les mettez cuire dans une casserole, avec quelques morceaux de veau & de jambon, un bouquet, un couple d'ognons; mettez-les sur le feu, moüillez-les de boüillon, & les faites cuire: étant cuites, tirez-les, passez leur boüillon, remettez-le dans la casserole, & le faites tarir, jusqu'à ce qu'il soit réduit en caramel; étant comme il faut, mettez-y vos Cotelettes de Mouton; remettez la casserole sur des cendres chaudes, afin qu'elles se glacent aisément: ensuite, ayez des Epinars bien épluchez, lavez, blanchis, & bien pressez; mettez-les dans une casserole avec un morceau de beurre & un peu de lard fondu; passez-les quelques tours sur le feu; moüillez-les ensuite d'un peu de jus & d'un peu de coulis, laissez-les mitonner; étant prêt à servir, observez qu'ils soient d'un bon goût, & les dressez dans le plat que vous voulez servir; mettez vos Cotelettes par-dessus, & servez chaudement pour Entrée. Vous pouvez aussi servir ces Cotelettes sans les faire piquer, si vous le voulez, en les faisant cuire de même que celles ci-dessus; & mettre dessous un ragoût de telles légumes que vous jugerez à propos. Vous pouvez faire cuire des épaules de Mouton de la même façon.

Cotelettes de Mouton Grillées.

Prenez un quaré de Mouton, parez-le & le coupez en Cotelettes, entre-deux une fausse; apla-

aplatissez-les & les mettez dans une casserole, avec un morceau de beurre, sel, poivre, persil, ciboule, fines herbes, fines épices; faites leur faire quelques tours sur le feu, pour qu'elles prennent du goût: ensuite, tirez-les, panez-les de mie de pain, & les faites griller; étant grillées, dressez-les dans leur plat, avec une sausse à l'échalotte, & servez chaudement pour Entrée.

Escalopes de Mouton.

Il faut avoir du Mouton mortifié, & en ôter les nerfs & la peau, & le couper par morceaux gros comme le bout du pouce: étant tout coupé, prenez une casserole ronde, frottez-là de beurre frais; aplatissez vos morceaux de Mouton avec le couperet, aussi mince que vous le pourez, & les arrangez dans vôtre casserole, à mesure que vous les bâtez les uns après les autres. Poudrez-les ensuite d'un peu de sel, d'un peu de poivre concassé, persil haché, de la ciboule de même, quelques champignons & truffes, si vous en avez, mais peu de chaque chose. Etant prêt à servir, ayez un fourneau bien allumé, & y mettez vôtre casserole: d'abord que vos Escalopes seront tombez dans le fond de la casserole, remuez-les avec une cuilliere de bois, & ne les quitez point: dressez-les sur le champ dans le plat où vous devez les servir. Mettez dans vôtre casserole un peu de jus & de coulis, avec une rocambole écrasée, un jus de citron; observez qu'il soit de bon goût, mettez cette sausse par-dessus vos Escalopes, & servez chaudement pour Entrée. Vous en pouvez faire de même de veau.

Quaré de Mouton piqué de Persil.

Prenez un Quaré de Mouton, parez-le proprement, & le faites piquer de Persil, & le faites cuire à la broche: étans cuit, dressez-le dans son plat avec un jus à l'échalote, & servez chaudement pour Entrée.

Autre Quaré de Mouton à la Broche.

Prenez un Quaré, parez-le proprement, mettez-le sur un hâtelet, atachez-le sur la broche, & l'envelopez de papier: étant cuit, ôtez le papier, panez-le de mie de pain, & lui faites prendre une belle couleur. Dressez-le ensuite dans son plat, avec un jus à l'échalote dessous, & servez chaudement pour Entrée.

Galimafrée de Mouton à la Moscovite.

Prenez un Gigot de Mouton, ôtez-en la peau & les Nerfs: coupez-le en morceaux gros comme des noix, & les piquez moitié lard & moitié jambon; mettez-les dans une Casserole avec un demi verre d'huile, les assaisonnant de sel, poivre, ail & un bouquet: mettez-les sur le feu. Lorsqu'ils commenseront à être chauds, mouillez-les d'une chopine d'eau-de-vie, & les remuez toûjours sur le feu, jusqu'à ce que le feu s'éteigne. Le feu étant éteint, ajoûtez-y du jus, du coulis, un bouquet, champignons, truffes, si vous en avez, faites cuire le tout doucement: étant cuit, degraissez-le bien, & observez qu'il soit d'un bon goût; mettez-y un jus de citron, dressez-le dans son plat, & servez chaudement.

Une autre fois, au lieu de le passer avec de l'huil'huile, vous le passerez avec du beurre, & les ferez de même. Etant cuit, vous metterez entre vos morceaux de Mouton, deux douzaine de Marrons bien cuits, & vous prendrez garde qu'ils ne se cassent, & vous mettrez la sauce par-dessus. Vous pouvez une autre fois aplatir vos morceaux de Mouton, & les faire de même.

Râtons de Mouton.

Prenez des noix de Mouton, & les coupez par tranches, aplatissez-les avec le plat de vôtre couperet: ensuite, assaisonnez-les de sel, poivre, fines herbes, fines épices, persil, ciboule, pointe d'ail, le tout moderémment, un verre de bonne huile, un jus de citron; laissez-les mariner ainsi pendant un couple d'heures: ensuite, étendez-les noix une à une, & les couvrez d'une petite farce de volaille, & les roûlez les unes après les autres, & les embrochez sur un hâtelet; mettant une barde de lard de chaque côté, de peur que la farce n'en sorte. Atachez-les sur une broche, & les faites cuire, en les arrosant de leur marinade, mêlée avec un bon verre de vin blanc. Etant cuites, tirez-les, & les dressez dans leur plat. Mettez dans le dégoût avec quoi vous les avez arrosé, un peu de jus & de coulis, le degraissez, & le mettez par-dessus vos Râtons, ou une sausse à l'Italienne. Observez qu'ils soient de bon goût, & servez-les chaudement. Une autre fois, vous les pouvez faire piquer de petit lard, & les cuire de même. Une autre fois, vous les pouvez faire cuire comme des fricandeaux, les faire mariner de même, & tirer leur glace pour mettre des-

dessous. On fait de même des Râtons de Veau, de bœuf, sur-tout que les Viandes soient bien mortifiées.

Gigot de Mouton en Epigrame.

Ayez un Gigot de Mouton qui soit un peu mortifié, & en ôtez la peau tout autour sans l'ouvrir, & laissez un peu de chair après la peau, afin qu'elle puissent se soûtenir; ensuite, renversez-là dessus le manche; & ensuite, coupez l'os & la viande du Gigot, prenez une partie de la meilleure chair de vôtre Gigot, & la couperez par petites tranches, & la bâtez avec le coupret bien mince; prenez ensuite le reste de vôtre chair & la hachez bien avec du lard, un morceau de graisse de bœuf, une tranche de jambon: étant bien hachez, assaisonnez-les de sel, poivre, fines herbes, fines épices, persil, ciboules, rocamboles, un morceau de mie de pain cuit dant du lait, un couple de jaune d'œufs, & mêlez bien le tout ensemble, en hachant avec vôtre couteau; ensuite, reformez vôtre Gigot de Mouton de la grosseur qu'il étoit; faites un lit, de cette farce dedans la peau, un lit de vos petites tranches de Mouton; ensuite, un lit de farce; ensuite, un lit de petites tranches fort minces de jambon, & continuërez de même jusqu'à ce que vôtre Gigot soit remplis; ensuite, ficelez-le par les deux bouts, de peur que la farce n'en sorte, & le faites cuire dans une petite braise blanche; étant cuit, tirez-le, ôtez la ficelle, & dressez-le dans son plat; mettez pardessus une essance de jambon, ou autre sausse: une autre fois vous pouvez le faire piquer de petit lard, & le faire cuire comme un fricandeau de de veau, & mettre dessous ce qu'il vous plaira: vous pouvez faire un cuisseau de veau de la même maniére.

Quarés de Mouton Piqués & Glacés.

Prenez deux Quarés de Mouton, coupez-en les côtes à quatre pouces du filet; ôtez les os d'autour du filet, levez la peau de dessus vos filets, & les faites piquer de petit lard; étant picquez, mettez-les dans une casserole avec tranches de jambon, & quelques morceaux de veau, un couple d'ognons, & un bouquet fait de persil, ciboule, fines herbes & cloux; mouilliez-les avec du bouillon, & les faites cuire; étant cuits, tirez-les, & les tenez chaudement; passez leurs bouillon par un tamis de soie; remettez le bouillon dans vôtre casserole, & le remettez sur le feu, & le laissez diminuer jusqu'à ce qu'il soit réduit en caramel; ensuite, mettez-y vos Quarés, le lard dans la glace, & les mettez sur des cendres chaudes, afin qu'ils se glacent tout doucement; étant prêt à servir, mettez un petit coulis dans le plat, ou vous les voulez servir; & mettez vos Quarés glacés dessus, & servez chaudement pour Entrée. Une autre fois, vous y pouvez mettre un ragoût de chicorées, ou bien de concombres, si la saison le permet, ou celleri, ou aux laitucs, ou oseille, ou avec des choux-fleurs.

Quarés de Mouton en Casserole Glacés.

Prenez des Quarés de Mouton, & les parez; coupez-en les côtes à quatre pouces du filet; n'ôtez point les peaux de dessus les filets, mettez-les

les dans une casserole avec quelques tranches de jambon ; & quelques morceaux de veau, des ognons, cloux, & de l'ail ; moüillez-les de boüillon, ou bien d'eau, & les faites cuire ; étant cuites, tirez-les, passez le boüillon par un tamis, & le dégraissez ; ensuite, remettez-le dans la casserole, & le faites boüillir, jusqu'à ce qu'il soit réduit en caramel, & y remettez vos Quarés de Mouton ; mettez-les sur des cendres chaudes, faites blanchir de la chicorée, & étant blanchie, pressez-là bien, & y donnez quelques coups de coûteau, & la mettez dans une casserole avec un morceau de beurre ; mettez-là sur un fourneau, passez-là quelques tours, & la poudrez d'une pincée de farine, & la moüillez de boüillon ; & étant assaisonnées, laissez-là mitonner ; étant cuite & de bon goût, liez-là avec une liaison de jaunes d'œufs, & la mettez dans le plat que vous voulez servir, & vos Quarés de Mouton par-dessus, & servez chaudement pour Entrée, ou autre légumes, ou leurs propre substances que vous tirerez après les avoir ôtez de la casserole.

Filets de Mouton Piqués, & Glacés, à la Chicorée.

Prenez des Quarés de Mouton, levez-en les Filets ; levez-en aussi-bien proprement les peaux ; faits-les piquer de petit lard ; étant piquez, mettez-les dans une casserole, avec quelques tranches de veau, & de jambon, ognons, un bouquet fait de persil, ciboule, clous, & une gousse d'ail ; moüillez-les de boüillon, & d'eau, & les faites cuire ; étant cuits, tirez-les, &

& les tenez chauds; passez leur boüillon dans un tamis, & remettez le boüillon dans une casserole sur un fourneau, & le faites tarir jusqu'à ce qu'il se réduisse en caramel; mettez-y vos Filets de Mouton, & les mettez sur des cendres chaudes, afin qu'ils se glacent plus aisément; prenez de la Chicorée, épluchez-en les côtes de la longueur de la moitié du doigt, & la mettez dans l'eau, en ayant épluché la quantité qu'il vous en faut; faites-là blanchir à l'eau boüillante; étant blanchie, mettez-là égoûter à l'eau fraiche, & la pressez; mettez-là ensuite dans une casserole avec bon coulis & jus, & achevez de la faire cuire; étant cuite & de bon goût, & prêt à servir, mettez vôtre Chicorée dans vôtre plat, & vos Filets dessus, & servez chaudement pour petite Entrée.

Queuës de Mouton au Ris.

Prenez des Queuës de Mouton, & les faites blanchir; étant blanchies, coupez-en les bouts, mettez-les par paquets, & les faites cuire à la braisse; prenez du Ris épluché & lavé, mettez-le cuire dans une marmite avec du boüillon, un peu gras; observez qu'il soit de bon goût, & fort épais; étant cuit, ôtez-le du feu, & le mettez à refroidir; vos Queuës étant cuites, tirez-les de la braise, & les mettez à refroidir; quand vos Queuës seront froides, vous les envelopperez de Ris, & les tremperez dans de l'œuf bâttu, & les panerez de mie de pain; étant panées, faites-les frire dans de bon sain-doux d'une belle couleur; dressez-les dans le plat où vous les voulez servir, garnissez-les de persil frit, & servez d'abord pour Entrée.

Queuës

Queuës de Mouton frites au Parmesan.

Ayez des Queuës de Mouton cuites à la braise, trempez-les dans de l'œuf bâtu, & les panez moitié mie de pain & moitié Parmesan; faites les frires dans du bon saint-doux, dressez-les dans leur plat, garnissez les de persil frit, & les servez sur le champ pour Entrée.

Queuës de Mouton au Parmesan, d'une autre façon.

Ayez des Queuës de Mouton cuites à la braise; mettez-les égoûter, & les dressez dans le plat ou vous voulez servir, & mettez un peu de coulis par-dessus; pânez-les moitié mie de pain & moitié Parmesan, & leur faites prendre couleur au four, ou sous un couvercle de tourtiére; étant comme il faut, nettoyez-les bord de vôtre plat, & y mettez un peu de coulis dessus si vous le jugez à propos, & servez chaudement pour Entrée.

Queuës de Mouton à la Sainte-Menou.

Pour les faires, il faut avoir une marmite qui soit propre pour celà, & y mettre un fons de bonnes bardes de lard, quelques tranches de veau & d'ognons; rangez ensuite vos Queuës de Mouton, achevez de les couvrir avec tranches de veau & de lard, assaisonnez de fines herbes, & de fines épices; mettez vôtre marmite dans le four, ou sur la braise; que le tout soit bien cuit; mais qu'il ne se défasse pourtant pas; il faut après les avoir tirées, les bien paner, & les gril-

griller; étant grillées, on y fait une sausse, qu'on nomme remoulade; elle est composée d'anchois, de câpres hachées, de persil, ciboule hachée, & moutarde; mêlez le tout avec du jus & coulis, & d'huile, une gousse d'ail, & l'assaisonnement, & la mettez dessous les Queues, que vous arrangées dedans un plat, & servez chaudement.

NB. Cette même sausse sert pour plusieurs Volailles froides que l'on pane & fait griller, & à beaucoup d'autres choses.

Queuës de Mouton Farcies frites.

Etant cuites à la braise, tirez-les sur un plat, & les dégraissez; envelopez-les d'une petite farce légere. Vous trouverez la maniére de la faire en plusieurs endroits, au Chapitre des Farces: il faut prendre garde de ne point trop grosir les Queues; trampez-les dans des œufs batus; panez-les, & les faites frire dans du sain-doux; ayant pris une belle couleur, dressez-les proprement sur un plat avec du persil frit, & les servez chaudement pour Entrée, ou hors d'œuvre.

NB. Les Queuës d'Agneau se font de la même maniére que les Queues de Mouton.

Queuës de Mouton frites.

Etant cuites à la braise, comme il est marqué ci-dessus vous les tirez proprement, & les mettez égoûter, & les trempez dans des œufs batus, & les panez d'une mie de pain bien fine, & les faites frires dans du sain-doux; qu'elles prennent belle couleurs; dressez dans leur plat avec du persil frit, & servez chaudement pour Entrée, ou hors d'œuvre.

CHAPITRE X.

Des Entrées de Grenades, Grenadins, & Princesses.

Grenade de Veau.

PRenez des noix de Veau, ôtez-en les peaux, & les coupez par tranches bien minces, de la longueur, & de la largeur de vos noix; ensuite, aplatissez-les bien. Faites qu'elles soient en pointes par un bout, & les faites piquer du côté de la pointe jusques à moitié: ensuite, prenez une douzaine de petits pigeons échaudez, vuidez-les, troussez-les, & faites-les blanchir; étant blanchis, épluchez-les bien proprement; mettez-les dans une casserole avec quelques morceaux de ris de veau blanchis, quelques champignons & truffes, si vous en avez; mettez-les sur le feu, & les moüillez de jus; laissez-les cuire tout doucement, & étant cuits, liez-les de vôtre coulis; mettez-y quelques culs d'artichaux coupez en morceaux, avec des crêtes. Observez qu'elles soient d'un bon goût, & les laissez refroidir. Prenez ensuite une poupetonniére, garnissez-là de bardes de lard bien minces, depuis le haut jusques en bas: après celà, prenez vos tranches de Veau que vous avez fait piquer, & mettez le lard du côté des bardes; prenez une tranche de jambon de la longueur des

des fricandeaux de Veau, & autant large que vous la pourez faire; mettez-là à côté de vos fricandeaux, & la faites croiser d'un pouce l'un sur l'autre; ensuite, une autre de Veau, une autre de jambon; & continuez de même, jusqu'à ce que vôtre Grenade soit entierément formée: Ensuite, prenez deux ou trois jaunes d'œufs, mettez de ces jaunes d'œufs dessus le jambon, en relevant vôtre fricandeau; faites la même cerémonie à tous, les uns après les autres; mettez un peu de farce dans le fond de vôtre Grenade; vous en pouvez mettre aussi tout du long de vos bandes, si vous le voulez; observez que vôtre ragoût soit de bon goût, & le mettez dans vôtre Grenade. Ensuite, ramenez par-dessus vôtre ragoût, vos tranches de Veau & de jambon, le plus adroitement qu'il vous sera posible; mettez un peu de farce par-dessus, frotez-le avec de l'œuf, couvrez-le de bardes de lard, & le mettez cuire feu dessus & dessous. Vôtre Grenade étant cuite, prenez le plat où vous la voulez servir, & la renversez dedans ç'en-dessus-dessous; ayez soin de la bien dégraisser, & de bien nettoyer le bord de vôtre plat; étant bien nettoyé, ouvrez vôtre Grenade, levez les pointes des fricandeaux, d'une maniére qu'elles forment la figure d'une Grenade; mettez-y un coulis ou une essence, & servez chaudement pour Entrée.

Vous pouvez servir cette Grenade sans y mettre de jambon, en la faisant de même.

Grenade de Concombres.

Prenez les plus beaux Concombres que vous pourez trouver; pelez-les, fendez-les en quatre,

tre, & en ôtez le dedans; faites-les blanchir à l'eau boüillante, où il faut qu'ils ne fassent qu'entrer & sortir. Prenez ensuite du papier bien beurré, & en garnissez une poupetonniére, comme si c'étoit des bardes de lard: après celà, arrangez une tranche de Concombres; une tranche de jambon trempée dans un jaune d'œuf, & qu'elles croisent d'un pouce l'une sur l'autre: continuez de faire la même chose, jusqu'à ce que vôtre Grenade soit formée. Mettez dans le fond un peu de farce à poupeton, avec un ragoût de pigeons, comme à la Grenade ci-dessus, & ramenez par-dessus vos tranches de Concombres & de jambon, le plus adroitement qu'il vous sera possible; mettez de la farce par-dessus, & la dorez avez de l'œuf & de barde de lard par-dessus: ensuite, faites cuire vôtre Grenade feu dessus & dessous; observez que le feu soit très-leger dessous, & que vos Concombres soient bien blancs. Vôtre Grenade étant cuite, prenez son plat, & l'y renversez ç'en-dessus-dessous tout doucement, ôtez-en le papier, dégraissez-la bien; observez que vôtre plat soit bien propre; mettez une petite essence par-dessus, & servez chaudement.

Au lieu d'un ragoût de pigeons, vous n'avez qu'à mettre à la broche, un couple de poulets, poulardes, quatre pigeons, & deux perdrix; étant cuites, tirez-les de la broche, levez-en les aîles & les cuisses, & les marquez dans une casserole, avec des champignons & truffes, si vous en avez, des culs d'artichaux coupez en morceaux, des foies, & des crêtes, si vous en avez; ajoûtez-y une cuillerée de coulis, avec un jus de citron, & mettez le tout un moment sur le feu. Observez qu'il soit d'un bon

bon goût, & vous en servez pour toutes sortes de Grenades, comme pour celle qui suit.

Grenade de Choux-fleurs.

Prenez des Choux-fleurs, épluchez-les, & les faites blanchir; prenez ensuite une étamine blanche, & la mettez dans une poupetonniére; vos Choux-fleurs étant blanchis, arrangez-les dedans, la fleur du côté de l'étamine, depuis le bas jusqu'en haut: Ensuite, garnissez-les de farce en dedans, depuis le bas aussi jusqu'en haut. Après celà, mettez-y un ragoût de toutes sortes de viandes, tel qu'il est marqué ci-dessus: ensuite, couvrez-le de farce, & de Choux-fleurs, comme vous avez fait par les côtez, & faites lui prendre la forme d'un Chou-fleur; mettez-y une barde de lard par-dessus; faites cuire vôtre Grenade; & étant cuite, dressez-la dans son plat comme il est dit ci-dessus, avec une essence, & servez chaudement pour Entrée.

Grenade d'Anguilles.

Prenez de belles Anguilles, les dépoüillez, les ouvrez en deux, & en ôtez l'arrête; ensuite, coupez-les en languettes de dix à onze pouces de long, & les faites piquer à moitié de petit lard; étant toutes piquées, qu'il y en ait assez pour garnir une poupetonniére, garnissez une poupetonniére de bardes de lard, & la garnissez de vos languettes d'Anguilles; étant garnie, mettez-y un peu de farce, depuis le bas jusqu'en haut pour pouvoir soûtenir vos languettes d'Anguilles: ensuite, mettez-y un ragoût de petits pigeons à la cuilliere, garni de quelques ris de de veau, de champignons, mousserons, & truffes, si vous en avez, crêtes de coq; vôtre ragoût étant cuit, & de bon goût, & froid, mettez-le dans vôtre Grenade, ramenez vos languettes d'Anguilles par-dessus: ensuite, vous y mettez un peu de farce aussi par-dessus, afin qu'elle se soûtiennent; achevez de couvrir de bardes de lard; vous la faites cuire au four, & étant cuite, tirez-là, & la renversé ç'en dessus dessous dans le plat que vous voulez la servir; ôtez les bardes de lard, & la dégraissé bien; si elle n'a pas une belle couleur, glassez-la avec une pêle rouge, ou dans le four qui soit bien chaud pour pouvoir la glasser sur le champ; ensuite, mettez une petite essence de jambon par-dessus, & servez chaudement.

Vous pouvez faire de ces sortes de Grenades de filets de Soles comme des Anguilles; vous en pouvez aussi former de petits Grenadins.

Grenade d'Ecrevices.

Prenez au moins un cent de petites Ecrevices, lavez-les bien, mettez-les dans une marmite, assaisonnez-les de sel, poivre, clous, fines herbes, & les moüillez d'un peu d'eau; mettez-les ensuite sur le feu, & d'abord qu'elles ont changé de couleur, tirez-les; ôtez-en les petites pattes à la moitié; ensuite, prenez une poupetonniére, & la garnissez de bardes de lard bien minces; arrachez les queuës d'une douzaine de vos Ecrevices, & les arrangez dans le fond de vôtre poupetonniére, le bout de la queuë sur le lard. Aprés celà, faites un cordon de vos autres Ecrevices, le dos toûjours sur le lard; ensuite, faites en un rang de leur hauteur tout le long

long de la poupetonniére. Celles à qui vous aurez laissé les petites pattes, vous les mettrez les petites pattes du côté du lard; une, le dos, & l'autre les pattes contre le lard: ensuite, vous les garnirez en dedans d'une bonne farce à poupêton bien mince; après celà, vous y mettrez un ragoût de petits pigeons, comme il est marqué au premier article des Grenades; où bien des filets de toutes sortes de volailles, comme il est marqué ci-devant. Vôtre ragoût étant dedans & de bon goût, couvrez-le de farce, & le rendez bien unie par-dessus, pour que rien n'en sorte; & le mettez cuire au four, où sur de la braise, feu dessus, & dessous. Etant cuites, renversez-là dans son plat le plus adroitement que vous pourez; dégraissez-là bien, & observez que vôtre plat soit bien propre, & la servez chaudement pour Entrée.

Grenadins.

Prenez une noix de veau, coupez-là par tranches bien minces, & la faites piquer de petit lard. Ayez six petits pigeons échaudez, bien troussez & blanchis; mettez-les dans une casserole avec quelques petits morceaux de ris de veau, champignons, truffes, si vous en avez, & mousserons, moüilles-les d'un peu de boüillon, d'un peu de jus, & d'un peu de coulis, & les assaisonnez d'un peu de sel, poivre, & un bouquet. Faites-les cuire à moitié, & y mettez un jus de citron; observez qu'ils soient d'un bon goût, & laissez refroidir; ensuite, prenez vos fricandeaux de veau & les taillez en pointes, & des tranches de jambon de même bien minces. Vous mettez une tranche de veau, & une de jambon

bon qui croisent l'une sur l'autre ; vous mettrez un peu de jaunes d'œufs par-dessous les tranches qui croisent les unes sur les autres, afin qu'elles se collent ensemble. Vous ferez la même cérémonie à tous vos Grenadins : ensuite, vous mettrez dans chaque Grenadin un pigeon avec un peu du ragoût : étant tous preparez de même, vous les couvrez d'un peu de farce, & les rendez bien unis, en y ajoûtant une petite barde de lard par-dessus. Après celà, faites-les cuire au four ; étant cuits, & de belle couleurs, tirez-les, & les dressez dans leur plat ; mettez une essence de jambon dessous, & les servez chaudement pour Entrée.

Autres petits Grenadins.

Prenez du papier que vous graisserez avec du lard fondu, & en garnissez vos petits Grenadins. Prenez un morceau de farce à poupeton, & le mettez dans vos Grenadins. Cassez un couple d'œufs & les bâtez ; trempez les bouts des doigts dedans, faites un creux dans vôtre farce, & la dressez tout du long de vôtre Grenadin le plus mince que vous pourez, & le plus uni. Observez qu'il faut pourtant que la farce ait du corps pour soûtenir le ragoût qu'on met dedans. Faites la même cérémonie à tous vos petits Grenadins ; ensuite, prenez des ris de veau qui soient blanchis, & les coupez par petits filets, longs comme une épingle, des champignons & truffes, si vous en avez, avec des mousserons ; mouillez-les d'un peu de jus & de coulis, & les faites cuire ; étant cuits, mettez-y quelques crêtes de coq coupées en filets, quelques blancs de volailles aussi coupez en filets ; observez que vôtre ra-

ragoût soit d'un bon goût, & assez lié; remplissez-en vos petits Grenadins; ensuite, couvrez-les de farce, & les rendez bien unis, en y ajoûtant une barde de lard par-dessus, & les faites cuire au four; étant cuits, tirez-les, dressez dans leur plat, & en ôtez le papier bien proprement; mettez un coulis par-dessus, & servez chaudement pour Entrée.

Vous les pouvez faire également en maigre comme en gras, en faisant une bonne farce de poisson, & les dressez de même comme ceux ci-dessus. Vous faites le ragoût de filets de Soles ou autres Poisson, avec des laitances de Carpes, coulis & queuës d'Ecrevices, si vous le jugez à propos; ou vous servez de vôtre coulis maigre. Observez que le tout soit d'un bon goût; je ne vous donne point la maniére de les faire, parce qu'ils se font de même que ceux qui sont en gras.

Grenadins aux Laituës.

Faites blanchir des Laituës, étant blanchies, levez-les par feüilles; garnissez vos Grenadins de bardes de lard, le plus mince qu'il vous sera posible; ensuite, garnissez-les de feüilles de Laituës depuis le bas jusqu'en haut; ensuite, une petite farce cuite; la farce à la crême, qui sert pour des Poulets, & celle qui sert pour les pommes d'Amour, dit ci-dessus, est bonne pour cela faire: étant garnie, mettez-y un petit ragoût de filets de toutes sortes de volailles cuites, que vous jugerez à propos; vous pouvez les mettre au blanc, ou bien au roux: achevez de les couvrir de farce, & rammenez vos feüilles de Laituës par-dessus, & quelques-autres feüilles, &

bardes de lard : ensuite, faites-les cuire au four, ou dessous un couvercle de tourtiére, & que le feu soit moderé, & qu'il ne prenne point de couleur : vos Grenadins étant cuits, vous les tournerez ç'en-dessus-dessous, & ôterez les bardes, & les dresserez dans le plat ou vous voulez les servir, & une petite essence par-dessus : vous pouvez en former une grande Grenade si vous le jugez à propos : vous pouvez également vous servir des feüilles de Chou hors de la saison des Laituës : vous pouvez aussi y mettre des petits pigeons à la cuillier, un pour chaque petits Grenadins, & en faire un aux écrevices, l'autre au blanc, un autre aux pointes d'asperges, & un autre aux truffes ; & quand vous n'en ferez qu'un, vous pouvez choisir un de ceux dit ci-dessus, ou bien les petits ragoûts en filets : vous pouvez vous servir de cailles, d'aloüettes, de grives, bécasses ou bécassines, & autres, pouvû que le tout soit cuit avant que de le mettre dedans, & d'un bon goût : observez, sur tout, que lorsque vous ferez des Grenadins en Laituës, qu'ils représent des Laituës, & ceux du chou, représenterons le chou, prenez garde que le tout soit bien cuit, & d'un bon goût.

Entrée de Princesses.

Prenez des noix de veau, coupez-les en tranches bien minces, aplatissez-les avec le couperet, & les faites piquer de petit lard. Garnissez vos Princesses de bardes de lard bien minces ; ensuite, coupez vos fricandeaux en lames d'un bout à l'autre, & les arrangez dans vos Princesses, en les faisant croiser les unes sur les autres. Vous y mettrez des petits pigeons comme me vous avez fait aux petits Grenadins, ou bien un ragoût de filets de toutes sortes de volailles, comme il est marqué à l'article des Grenades. Vous couvrez vos Princesses d'un peu de farce, avec un morceau de barde de lard par-dessus, & les faites cuire au four. Etant cuites, dressez-les dans leur plat, le plus adroitement que vous pourez; mettez un coulis dessous, & les servez chaudement pour Entrée. Vous en ferez la quantité que vous jugerez à propos, selon la grandeur de vôtre plat.

Autres Princesses.

Prenez du papier que vous graissez avec du lard fondu, & en garnissez vos Princesses. Prenez un mourceau de farce à poupeton, & le mettez dans vos Princesses. Cassez un couple d'œufs, & les battez, trempez-y le bout de vos doigts, faites un creux dans vôtre farce, & la dressez tout du long de vos Princesses, le plus mince, & le plus uni qu'il vous sera possible. Observez que la farce ait pourtant assez de corps pour soûtenir le ragoût qu'on met dedans. Faites la même cérémonie à toutes vos Princesses: ensuite, prenez des ris de veau qui soient blanchis, & les coupez par petits filets qui soient longs comme une épingle; ajoûtez-y des champignons & truffes, si vous en avez, avec des mousserons. Moüillez-les d'un peu de jus & de coulis, & les faites cuire; étant cuites, mettez-y quelques crêtes de coq coupées en filets, quelques blancs de volailles aussi coupez en filets; observez que vôtre ragoût soit d'un bon goût, & en remplissez vos Princesses. Ensuite, couvrez-les de farce, & les rendez bien unis, en y ajoûtant

tant un morceau de barde de lard par-dessus, & les faites cuire au four; étant cuites, tirez-les, dressez-les dans leur plat, & en ôtez le papier bien proprement; mettez un coulis par-dessus, & servez chaudement pour Entrée.

Vous les pouvez faire également en maigre comme en gras, en faisant une bonne farce, dont vous trouverez la maniére de la faire au Chapitre des Farces. Vous faites le ragoût de filets de Soles ou autres Poissons, avec des laitances de Carpes, coulis & queuës d'Ecrevices, si vous le jugez à propos, ou vous servez de vôtre coulis maigre. Observez que le tout soit de bon goût, je ne vous donne point la maniére de les faire, parce qu'elles s'aprêtent de même que celles qui sont en gras.

Entrée de Pommes d'Amour.

Prenez trois poulardes, flambez-les & les épluchez bien proprement; levez-en la peau de deux que vous gardez, & les pliez de bardes de lard, & les mettez cuire à la broche avec l'autre: étant cuites, tirez-les & en gardez tous les blancs; prenez ensuite un petit morceau de veau & le coupez en petits morceaux, un morceau de lard, un morceau de tetine de veau, champignons hachez, ciboule, un peu de persil, fines herbes, fines épices, sel & poivre; mettez tout celà dans une casserole, & le passez sur le feu pour le faire blanchir; étant blanchi, mettez le tout sur une table, avec le restant de la chair de vos poulardes. Hachez bien le tout, mettez-y un morceau de mie de pain cuite dans du lait, trois ou quatre jaunes d'œufs. Garnissez ensuite vos Pommes d'Amour de bardes de lard

bien

bien minces, arrangez bien la peau de vos poulardes dans vos Pommes d'Amour; prenez un morceau de jambon que vous hachez bien menu, & le mettez dans le fond de vôtre Pomme d'Amour, pour remplir le bout du teton; ensuite, mettez-y vôtre farce, & faites un creux dans le milieu, pour pouvoir y mettre un petit blanc, avec des petits filets de poularde: Voici la maniére de faire ce blanc. Prenez un morceau de veau, coupez-le en petits dez, ayez une tranche de jambon, & en faites de même; un ognon, & un pânet; mettez le tout dans une casserole, & le moüillez de boüillon qui n'ait point de couleur, & le mettez sur le feu, avec un morceau de mie de pain blanc, de la grosseur d'un œuf. Prenez ensuite vos blancs de poulardes, mettez les deux aîles en petits filets bien fins, & faites piler le reste dans un mortier; étant pilé, & vôtre petit coulis étant de bon goût, tirez la viande qui est dedans avec les racines, mettez-y vos blancs de Poulardes, & le passez à l'étamine; étant passé, mettez un peu de ce coulis avec vos petits filets de poulardes; étant froid, remplissez-en le cœur de vos Pommes d'Amour, & achevez de les couvrir de leur farce; mettez-y une barde de lard bien mince par-dessus, & les faites cuire avec de la cendre chaude dessus & dessous; observez qu'elles restent fort blanches: étant cuites, tirez-les l'une après l'autre sur une assiette; ôtez-en les bardes, & les dressez dans leur plat. Faites chauffer vôtre coulis blanc, mettez-le par-dessus vos Pommes d'Amour, & servez chaudement pour Entrée. On n'en sert ordinairement que deux dans un plat. Une autre fois, si vous avez de la déserte, viande de poularde ou de dindon, vous

vous n'avez qu'à faire la farce pareille à celle ci-dessus, & faire vôtre coulis blanc comme celui ci-dessus. Au lieu de vous servir de peau de poularde, vous vous servirez d'une crêpine de veau, & mettrez toûjours dans le fond de vôtre Pomme, du jambon haché, pour former le bout du teton. Vous y ajoûterez quelques filets de jambon semez par-ci par-là, pour marquer des veines; vous formerez vos Pommes de même que celles-ci-dessus; vous les ferez ensuite cuire, & les servirez de même aussi. Vous pouvez encore vous servir de la peau d'un cochon de lait, si vous en voulez faire la dépense; elles sont fort belles de cette maniére, mais le dedans est toûjours de la même composition.

Autre Entrée de Pommes d'Amour.

Prenez trois poulardes, levez-en les aîles, & en faites piquer les blancs de petit lard: étant piquez, garnissez vos Pommes d'Amour de petites bardes de lard bien minces; mettez dans le fond de vôtre Pomme la pointe du blanc de vos aîles, & une tranche de jambon; ensuite, de la même longueur de vôtre blanc d'aîles: vos Pommes d'Amour étant garnies de vos aîles & de tranches de jambon, vous les garnirez de farce en dedans, comme les autres ci-dessus, & y mettrez un petit ragoût de filets de poularde & de champignons, que vous ferez ainsi.

Prenez quelques blancs de poulardes ou de poulets, ou de perdrix, ou de pigeons, truffes & champignons, si vous en avez, & des crêtes; mettez le tout dans une casserole avec un peu de coulis & d'esence, un jus de citron; faites-lui prendre goût sur le feu; & étant froid, mettez-en ce qu'il en pourra tenir dans vos Pommes d'Amour, & les

cou-

couvrez d'un peu de farce avec un petit morceau de barde de lard par-dessus. Ensuite, faites-les cuire tout doucement, de peur que les fricandeaux, qui sont au fond, ne brûlent: étant cuites, tirez-les sur une assiette, ôtez-en les bardes de lard, & les dressez proprement dans leur plat avec une essence dessous, ou bien une sausse à l'Italienne, & servez chaudement pour Entrée.

Vous pouvez mettre dans cette Entrée-là autant de Pommes d'Amour que vous jugerez à propos, selon la grandeur de vôtre plat.

Autre Entrée de Pommes d'Amour en maigre.

Prenez des soles, écaillez-les, vuidez-les, & les lavez bien. Pour cette Entrée, il faut des petites soles; vous en coupez la tête & les nageoires avec la queuë; ensuite, vous les fendez tout du long par la moitié; après celà, vous les refendez en large, sans les séparer, afin qu'un côté paroisse blanc & l'autre jaspé, qui est celui du dos. Ensuite, vous frotez de beurre vos Pommes d'Amour, & vous les garnissez aussi de papier beurré. Après celà, vous y arrangez vos soles la pointe en bas, & les faites croiser les unes sur les autres. Quand vos deux Pommes d'amour seront remplies avec la même cérémonie, jettez-y un peu de sel; faites ensuite un ragoût de laitances de carpes, & de filets de soles, que vous ferez de la maniere qui suit.

Faites frire un couple de soles; ayez trois ou quatre laitances de carpes; faites-les blanchir; étant blanchies, mettez-les dans de l'eau fraiche,

che. Prenez ensuite une casserole, mettez-y un morceau de beurre avec des champignons, mousserons & truffes, si vous en avez ; passez-les sur le feu, & les poudrez d'une pincée de farine ; moüillez-les ensuite d'un peu de jus, maigre ou gras, celà depend de l'Ouvrier. Assaisonnez-les d'un peu de sel, poivre, tranches de citron, & une pointe de rocambole ; ensuite, levez les filets de vos soles frites, & les recoupez encore en filets, & en ôtez bien la peau : mettez-les dans vôtre ragoût avec quelques laitances de carpes, quelques morceaux de culs d'artichaux & pointes d'asperges, selon la saison. Vôtre ragoût étant d'un bon goût, achevez de le lier d'un coulis d'écrevices, ou de vôtre coulis maigre ; remplissez-en vos Pommes d'Amour. Prenez ensuite un petit pain rond, levez-en la croûte de la grandeur de vôtre Pomme d'Amour, frotez-là de beurre dessus & dessous, & la mettez sur vôtre Pomme d'Amour, que la croûte y entre un peu. Cassez ensuite un œuf, dorez avec le jaune vôtre croûte, & ramenez vos pointes de soles par-dessus. Faites la même cérémonie à chaque Pomme d'Amour : mettez-les ensuite cuire tout doucement sur de la braise ; étant cuites, tirez-les sur une assiette, ôtez-en le papier, dressez-les proprement dans leur plat, avec un coulis d'écrevices par-dessus, ou autre coulis, & servez chaudement pour Entrée.

CHA-

CHAPITRE XI.

Des Braises & Farces.

Braise pour toutes sortes de grosses Viandes.

PRenez une braisiére & la foncez de bardes de lard, tranches de bœuf, des ognons coupez en tranches; ensuite, mettez-y la Viande que vous avez à y mettre, & l'assaisonnez de sel, poivre, ognons, carotes, basilic, thin, laurier, clous, & achevez de le couvrir de tranches de bœuf, bardes de lard, la moüillez d'eau, une boûteille de vin blanc, & la mettez cuire feu dessus & dessous; vous pouvez dans cette façon de braise, faire cuire des aloyaux, des culottes de bœuf, des rôs-de-bif de mouton, des reins de mouton, des cuisseaux de veau, des roulades de bœuf, & autres grosses viandes que l'on met en braise.

Braise Blanche.

Prenez une braisiére ou marmite, & la foncé de bardes de lard, tranches de veau, des ognons coupez en tranches; vous y pouvez mettre des dindons, des poulardes, toutes sortes de viandes, assaisonnez dessus de sel, de poivre, basilic, thin, laurier, ail, clous de girofle, & faites cuire vos Viandes : cette braiſe peut vous ſervir pour toutes ſortes de roulades, & Viandes blanches.

Farce de Poiſſons.

Il faut prendre des carpes, des brochets, & autres Poiſſons, que vous aurez, les habiller, les déſoſſer, & hacher toutes ces chairs ſur la table; mettez-y une mie de pain cuite dans du lait, huit à neuf jaunes d'œufs, & faites foüeter le blanc en nége; mettez-y un bon morceau de beurre, & aſſaiſonnez de ſel, poivre, fines herbes, fines épices, champignons hachez, truffes, ſi vous en avez; mettez vôtre Farce, dans un mortier avec vos blancs d'œufs; pilez le tout enſemble; enſuite, tirez vôtre Farce, & vous en ſervez pour tout ce que vous jugerez à propos, pour grenades & grénadins en maigre, pour des pains de carpes & de ſoles: cette farce ne ſe fait point autrement.

Hachi pour toutes ſortes de petits Pains.

Ayez poulardes ou poulets de cuit, tirez-en les chairs, & les faites hachers; étant hachez, mettez dans une caſſerole un morceau de beurre, un petit ognon haché bien fin, ou de la ciboule, & le paſſé quelques tours ſur le feu; enſuites, ajoûtez-y des champignons hachez & truffes, ſi vous en avez; enſuite, moüillez-le d'un peu de jus & de vôtre coulis; obſervez qu'il ſoit d'un bon goût & aſſé lié; mettez-y vôtre viande hachée, & un jus de citron, & vous pouvez vous en ſervir pour toutes ſortes de petits Pains que vous trouverez en pluſieurs articles.

ces. Vous pouvez faire des hachis de perdrix, ou de faisants de même que celui ci-dessus; la difference est qu'il faut faire piller vos carcasses de perdrix ou de faisants, & les ferez passer à l'étamine avec un peu de vôtre coulis, & celà vous sert pour lier vos hachis de perdrix, & vous en servez pour toutes sortes de petits Pains.

Godiveau d'un Poupeton.

Prenez de la cuisse de veau, de bonne graisse blanchie, & du lard blanchi, le tout bien haché: mettez-y quelques truffes & champignons hachez, de la ciboule, du persil, une mie de pain cuite dans de la crême, quatre œufs, deux entiers & deux jaunes; & formez le Poupeton comme un pâté dans une poupetonniére, ou une casserole, avec des bardes de lard dessous. Prenez ensuite des petits pigeons, avec des crêtes, quelques ris de veau, champignons, truffes, & le moüillez de jus: étant cuit, vous le dégraissez bien, & le liez de coulis. Voyez qu'il soit d'un bon goût, & le laissez refroidir; ensuite, vous l'arrangez dans vôtre Poupeton, & le couvrez du même Godiveau, & avec un œuf bâtu vous l'unissez bien proprement, & le mettez au four: étant cuit, vous le dégraissez bien, & le renversez dans le plat que vous voulez servir. Voyez qu'il soit de belle couleur; & au-dessus, vous y faites un trou de la longueur d'un écu, & y mettez un coulis clair, ou une essence de jambon, & servez chaudement pour Entrée. L'on fait des Poupetons de cailles, de perdreaux, de faisants d'eau, d'ortolans, & de tout ce que l'on veut; il n'y à que le ragoût qu'on met dedans qui en fait la difference, le même Godiveau sert toujours.

Farce à la Crême.

Prenez un morceau de veau, ôtez-en les nerfs & la peau ; coupez-le par morceaux avec un morceaux de lard, & un morceau de graisse de bœuf ; mettez le tout sur le feu dans une casserole, & passez-le quelque tems sur le feu ; ensuite, assaisonnez-le de sel, de poivre, fines herbes, fines épices, une pointe d'ail ; après cela, mettez-le tout sur une table, & hachez-le bien ; étant haché, mettez-y un morceau de mie de pain, gros comme le poignet, cuite dans du lait, & sept ou huit jaunes d'œufs, & fouettez la moitié des blancs en nége ; mettez le tout dans un mortier, & le faites bien piler ensemble. Vous vous servirez de cette Farce pour toutes sortes de poulardes en crêpines à la Crême, & autre chose où vous en aurez besoin, comme pour les grenades, grenadins, pommes d'amour, &c.

Petite Farce cuite pour toutes sortes de petites Viandes.

Ayez un poulet ou poularde cuite à la broche, & enlevez la chair, & la faites hacher avec un morceau de graisse de bœuf blanchie, un morceau de lard, de même une tétine de veau, un petit morceau de jambon cuit ; faites bien hacher le tout : étant haché, assaisonnez-le de sel, poivre, fines herbes, fines épices, champignons & truffes, si vous en avez, le tout légérement, pour que celà ne domine point, un petit morceau

ceau de pain cuit dans du lait, un couple d'œufs; achevez de hacher bien le tout ensemble, & vous en servez pour toutes sortes de viandes qui demandent une Farce cuite: vous pouvez aussi faire des Farces de perdreaux ou de pigeons, & vous vous en servez pour tout ce que vous jugerez à propos. Cette sorte de Farce peut aussi vous servir pour des boucons & pour des rissoles; celle de perdrix sera toûjours la meilleure pour vos rissoles; quand vous en pourez avoir, servez vous en préferablement à toutes autres.

FIN.

TABLE DES MATIERES

Contenuës en ce

PREMIER VOLUME.

CHAPITRE PREMIER.

Des Potages & Boüillons.

AVERTISSEMENT.

Boüil-

CHAPITRE II.

Des Boudins,

Bou-

CHAPITRE III.

Des Coulis & Jus.

Sausse

CHA-

CHAPITRE IV.

Des Entrées de Terrines, en Gras & en Maigre.

Ter-

CHAPITRE V.

Des Entrées de Dindons & Dindonneaux.

Din-

CHAPITRE VI.

Des Entrées de Grives, Vanneaux, Sarcelles, & Tourterelles.

CHAPITRE VII.

Des Bécasses, Bécassines, Oies & Aloüettes.

CHAPITRE VIII.

Des Perdrix & Perdreaux.

Per-

CHAPITRE IX.

Des Entrées de Mouton.

CHAPITRE X.

Des Entrées de Grenades, Grenadins, & Princesses.

Gre-

CHAPITRE XI.

Des Braises & Farces.

FIN.

www.ingramcontent.com/pod-product-compliance
Lightning Source LLC
LaVergne TN
LVHW020550230826
846091LV00002B/434